大数据时代高校思想政治教育创新发展研究

吕　峰◎著

线装書局

图书在版编目（CIP）数据

大数据时代高校思想政治教育创新发展研究/吕峰
著.--北京:线装书局,2023.5
ISBN 978-7-5120-5427-1

Ⅰ.①大… Ⅱ.①吕… Ⅲ.①高等学校－思想政治教
育－研究－中国 Ⅳ.①G641

中国国家版本馆CIP数据核字(2023)第071044号

大数据时代高校思想政治教育创新发展研究
DASHUJU SHIDAI GAOXIAO SIXIANG ZHENGZHI JIAOYU
CHUANGXIN FAZHAN YANJIU

作　　者：吕　峰
责任编辑：林　菲
出版发行：线装书局
　　地　　址：北京市丰台区方庄日月天地大厦 B 座 17 层（100078）
　　电　　话：010-58077126（发行部）010-58076938（总编室）
　　网　　址：www.zgxzsj.com
经　　销：新华书店
印　　制：北京四海锦诚印刷技术有限公司
开　　本：787mm×1092mm　　1/16
印　　张：10.75
字　　数：203 千字
版　　次：2023年5月第1版第1次印刷
定　　价：68.00 元

线装书局官方微信

前　言

随着互联网技术的迅猛发展，如今"大数据"正在掀起一场前所未有的信息革命，伴随着数据技术的飞速发展，客观数据作为分析问题的手段，其重要性不言而喻。数据成为21世纪人类工作、生活的得力助手，它的发展深刻影响着人们生活的各个领域。

作为教育重要的一环，传统的大学生思想政治教育受到大数据的猛烈冲击，面临着全新的发展方向和发展格局。作为知识创新的主要阵地，高校更应该花大力气，下大功夫去采集、汇聚与合理利用大数据的相关技术。面对当今的高校大学生，高校思想政治教育者应该高瞻远瞩，充分利用大数据技术带来的机遇，将大学生思想政治教育的主体、客体、教育效果的方方面面进行革新，以便将高校思想政治工作落到实处。

本书是高校教育创新方面的著作，主要是对大数据时代下，高校思想政治教育创新发展的研究。本书从高校思想政治教育入手，对教育观念、模式、内容、方法方面的创新进行了介绍；另外对高校思想政治教育的现代化转型做了一定研究；最后对大数据时代背景下，高校思想政治教育的内涵、理论、资源整合及具体应用做了分析。对深刻理解思想政治教育的内涵、探索大数据时代下高校思想政治教育发展新模式等方面有学习和参考的价值。

本书理论性较强，有很多与实际相关的方面，因此，能够帮助读者更好地理解相关理论的知识，在实际工作与生活中能够更好地理解和学习思想政治教育。

作者在撰写过程中参考了大量的相关理论著作，在参考文献中加以列出，在此表示感谢。由于撰写时间和经验所限，作者的知识水平不够充足，书中难免存在缺漏，还烦请读者指出不足之处，以便修改和完善。

前 言

目　录

第一章 高校思想政治教育的理论、观念与模式创新

第一节 高校思想政治教育的理论创新

一、改革与创新的必要性

（一）课程总体接受程度有待提高

就喜好程度而言，大学生对思想政治理论课的总体喜好程度不高且有差异性；就课程倾向而言，大学生对关注史实和大学生活实际的课程更加青睐，而对侧重抽象原理的课程兴趣不大；就影响因素而言，教师的教学水平和教学风格是决定学生课程喜好程度和学习态度的第一要素。因此，进行教学模式变革，增强教学的针对性、趣味性和吸引力，是激发学生思想政治理论课学习热情的关键。

1. 大学生对理论课的喜好程度偏低且有差异性

不同年级、系科、生源地的学生对思想政治理论课的喜好有一定差异，表现在：低年级学生对思想政治理论课的喜好程度相对较高，而高年级学生对思想政治理论课的喜好程度相对较低，大四年级最低；文法艺术和经管类的学生对思想政治理论课的喜好程度较高，而理工科尤其理科专业学生对思想政治理论课的喜好程度更低；农村生源学生对思想政治理论课的喜好程度较高，而城镇生源的学生对思想政治理论课喜好程度较低。

造成上述现象的原因，我们分析认为，低年级学生由于刚刚进入大学，对大学教育的期待更高，因而"爱屋及乌"，对首先接触到的思想政治理论课喜好程度也较高。然而，随着大学学习生活的不断丰富和对思想政治理论课教学的了解逐步加深，其最初的新奇、期待不断衰减，对思想政治理论课的热情也随之消减，加上理论性过强的教学内容、刚性

统一的教学安排和方法与学生的自主学习需求之间出现越来越大的冲突，因而喜好程度出现一定趋势的下降。理工科的学生更愿意学习逻辑推理知识，更适应推演、论证、计算之类的学习方式，而思想政治理论课的学习内容和方式却与之有一定差异。不同学科知识的特性，决定了理工科学生对思想政治理论课的喜好程度低于其他专业学生。至于不同生源学生对思想政治理论课喜好程度的差异则可能有两方面影响因素：一是城镇生源学生接触面更广，其对学习的要求更高，因此，容易形成对思想政治理论课教学的不满足；二是由于城镇生源学生从小接受的教育更加开放，其个人主见更强，也更敢于表达真实感受，因此，主观上更容易直接表达个性，而农村生源学生则由于受到一些观念的束缚，不太敢于表达自身的不满，或者会对这种不满有所掩饰和"软化"。

2. 大学生青睐的课程有差异

大学生对关注史实和大学生活实际的课程更加青睐，而对侧重抽象原理阐述的课程兴趣不大。

3. 教师的教学水平和教学风格影响大学生对课程的喜好程度

教师的教学水平和教学风格是决定大学生对课程喜好程度和学习态度的重要因素。

（二）课程教学效果提升尚有空间

与相对较低的喜好程度相比，大学生对思想政治理论课教学效果的评价更加积极乐观且有一定差异，学生对思想政治理论课的喜好与对教学效果的认可之间存在较大的关联性。思想政治理论课教学的改进空间很大，改革与创新任务迫切，改革与创新的重点仍在于激发学生的学习热情和兴趣，提高教学效果。

因此，我们需要采取的教学策略仍在于激发学生对课程学习的兴趣和热情，同时采取有效措施提高课堂教学的效果。

（三）网络教学阵地值得密切关注

网络是大学生生活和学习重要而不可或缺的阵地，学生的上网习惯具有一定规律，上网目的多元化且具有明显的兴趣主导性。抓住网络教学阵地，充分利用大学生网络学习的特点开展网络思想政治教育，是提升思想政治理论课教学效果的重要方法。

（四）师生的信息化素养需要增强

与网络对大学生学习生活的全面渗透相比，网络对思想政治教育的影响还远未深入，学生主动接受网络思想政治教育的积极性不高，教师运用信息技术的手段和信息化素养还有待增强，思想政治理论课信息化教学改革与创新迫在眉睫。

在课外，教师运用信息技术的手段主要包括学校网络教学平台、E-mail、QQ、微博、微信等社交平台，而所有手段中网络教学平台是使用频率较高的一种手段，这一调查对教学模式变革具有很重要的指导意义。信息技术与教学的融合，需要学校的宏观设计和指导，需要学校搭建功能齐备的网络教学平台，提供相应的技术和政策支持，以一种有计划、有组织、有策略的方式予以推进。可见，基于信息技术的高校思想政治理论课教学模式变革，是一个系统工程，需要认真研究和规划。

（五）课程的系统变革是必然选择

学生对网络思想政治教育理论课课程的选择沿袭着"质量至上"主义，在线教学与传统教学结合的教学方式最为学生所推崇，移动学习是学习改革与创新的大势所趋，弹性的学习、灵活的考试以及充分的资源是信息化教学模式的存在之基和魅力之源，综合而系统的变革是高校思想政治理论课教学的必然选择。

二、改革与创新的基本原则

时代的变迁和社会的发展，对高校思想政治理论课教学提出了更高的要求，作为我国高校思想政治教育的主渠道、主阵地，思想政治理论课不能任意地、无序地、随意地改革，要根据教学要求、结合学科自身特点制定出一系列改革原则，从而进行系统性、整体性、持续性的改革。

（一）坚持共性与兼顾个性相结合原则

共性是事物的一般属性，个性是事物的个别属性，二者是有机统一的。思想政治理论课与其他学科相比，其共性要大于个性：统一的教学目标、统一的教材、统一的教学进度，甚至一些高校还会出现同样的课时安排、同样的考核方式。这些共性有效地确保了教学活动朝着既定的教学目标有序推进，但是，过于强调共性而忽视个性的存在，就会出现教学内容死板、僵化，教学方法千篇一律的现象，严重影响教学效果。而从一些思想政治理论课教学改革成功的案例中我们可以得出结论：坚持思想政治理论课的共性，同时兼顾各个地区、各个高校以及不同学生的特点进行教学改革，能够有效提高课程的亲和力，往往能取得良好的教学效果。

以国家统一编制的课程教材为基础，坚持共同的人才培养目标，以马克思主义的观点进行教学，是全国高校思想政治理论课教学改革都必须坚持和遵守的原则，坚持这一共性是兼顾其他个性的基础。

在实际教学过程中，由于受到教学环境客观因素的影响，教学活动是在特定的地区、学校针对不同学生而进行的，往往是具体的，而非抽象的。因此，思想政治理论课应该在坚持共性的要求下，结合地区历史文化特色、学校办学特色以及学生的自身特点来进行教学，这样既有利于国家统一的教学要求得到满足，又能避免千篇一律局面的形成。在兼顾个性方面，应该做到以下三点。

1. 注重结合地方特色

地方特色是某一地区在长期的历史发展过程中形成的特有的自然特点和历史文化特色。中国地域辽阔，形成了各种各样的地方特色。通过游览本地区的自然景观，可以增加学生的爱国热情以及树立为建设家乡而奋斗的远大理想；通过了解地区历史、文化，走访红色教育基地，通过老一辈革命前辈讲述革命故事，结合当下地区建设所取得的成就，增强学生对中国特色社会主义的道路自信、制度自信、理论自信和文化自信。充分利用地方特色教育资源，补充教学内容、扩展教学空间、完善和改进教学方法、加强实践教学，从而达到增强教学效果的目的。

2. 注重结合学校特色

按照学科分类，中国的大学分为综合类、理工类、农林类、医学类、师范类、财经类、政法类、语言类、艺术类、体育类、民族类等类型。虽然，不同类型大学的办学特色，培养专业人才的方式、方法、方向以及教学理念都不尽相同，但是为我国培养合格的社会主义人才是全国高校的共同目标。因此，坚持为国家培养合格社会主义人才的总目标，充分结合高校自身特色，是建设具有自身特色思想政治理论课的重要原则。各高校蕴含着丰富的德育教育资源、人文资源、科技资源、艺术资源，如何有效利用这些资源，把它们有效地贯穿课堂教学以及实践教学，是未来高校思想政治理论课教学改革的一大方向。

3. 注重结合学生特点

学生是教师主导下思想政治理论课教学的主体，了解和把握学生的特点，是思想政治理论课教学改革的又一重点。大学生生源的地域差异、所学专业的学科差异以及人生经历的差异会导致大学生认知结构、情感结构、价值结构和道德结构的不同。因材施教是我国一直推崇并遵循的教育理念，在思想政治理论课教学当中同样需要秉持这种教育理念。在教材体系向教学体系的转化过程中，具体分析学生自身特点，在坚持课程标准和教学实效性的前提下，处理好教学内容与教学课时的标准与适应问题、授课内容的深与浅问题、推理逻辑与使用案例情理交融的问题、以理服人和以情感人的程度问题，等等。

（二）坚持经典与改革创新相结合原则

经典的事物具有权威性、典范性，经得起时间的考验；创新的事物具有发展性、潜力性，是时代发展的必然。坚持经典，是事物发展的基石；改革创新，是事物发展的动力。只有坚持经典，才能保证有效的改革创新；只有坚持改革创新，才能永葆生机活力。思想政治理论课教学改革特别是教学内容和教学方法方面，应该遵循坚持经典与改革创新相结合的原则，确保教材体系向教学体系的有序转化。

在教学内容改革方面，首先，要坚持教学内容的经典。目前，我国高校思想政治理论课大致分为三类课程：一是由马克思恩格斯创立的经典马克思主义为基本内容的课程，成功地指导着世界无产阶级革命；二是以中国化的马克思主义为主要内容的课程，是我国革命和建设时期的指导思想，是经得起历史考验的科学理论；三是帮助大学生以马克思主义认知客观世界和改造主观世界为主要内容的课程。包括思想道德修养与法律基础、当代世界政治与经济以及形势与政策三个方面，是符合当代大学生实际的课程。以上三类课程在改革开放以来的四十多年当中经受住了历史和实践的检验，是高校思想政治理论课教学内容的经典。其次，要针对教学内容进行改革创新。经典虽然具有权威性，但是也不可能完全有效地紧密结合最新理论成果和时事热点。因此，思想政治理论课的教学内容应该与时俱进、因事而新，只有坚持教学内容的改革创新，才能有效提高思想政治理论课的针对性、现实性和亲和力。

在教学方法改革方面，讲授式教学法一直是我国课堂教学的主要方法，是一种传统的经典教学法。它把一些抽象的、生涩的知识通过教师自己的语言表达传授给学生，具有信息量大、教学效率高、适用范围广的特点。然而，这种教学方法虽然经典，也存在着一定的缺陷，即这种教学方法取得的教学效果良好与否，大部分取决于教师学术水平高低与语言表达能力好坏。因此，需要对这种教学方法进行改革创新。其实，在现代教学过程当中，无论是案例式教学法、专题式教学法、讨论式教学法，还是实践式教学法，讲授式教学法存在于每一种教学方法当中，这种传统的教学法不仅没有过时，反而在其基础上催生出一系列新型的现代化教学方法，在这些现代化的教学方法当中，讲授式教学法也在进一步发展与完善。

（三）理论教学与实践教学相结合原则

思想政治理论课既是一门理论课课程，也是一门实践课程。开设这门课程的目的是要求大学生做到对这门课程内容的内化于心，进而外化于行，即先把课程理论融人学生自身知识结构当中，再内化成为自身的价值结构和道德结构。理论是抽象的，它是通过一系列的分析和比较，把事物的本质属性概括起来。理论形成的过程是一个由具体到一般的过程。相反，实践的过程是一个由一般到具体的过程，即通过掌握事物的本质规律，把它运用到具体事物的过程。理论是为了更好地指导实践，实践是为了更好地验证和运用理论。在教学改革当中应当坚持理论教学与实践教学相结合的原则。

在思想政治理论课实践教学过程当中，人们往往容易走入两种误区：一种误区是认为理论教学就是课堂教学，实践教学就是课外教学，把二者对立割裂开来在课堂上只进行理论教学，在课外只进行实践教学；另一种误区是不能很好地把握理论教学与实践教学的结合点，要么过分强调理论，要么过分强调实践。之所以形成这种错误观点，主要是因为没有把理论与实践很好地统一起来，没有形成把理论教学和实践教学贯穿教学活动的各个环节以及各个方面的教学理念。

其实，无论课堂还是课外，理论教学与实践教学都贯穿始终。课堂上的相互讨论、分析案例其实就是运用理论知识来分析问题进而解决问题的一个实践过程；课外的社会实践，其实也是通过实践对理论知识进行检验和巩固的过程。在教学过程中，应当正确地把握二者之间的关系，坚持理论教学是教学的主要内容，实践教学是教学的重要补充，引导学生通过理论知识分析社会、了解社会，进而服务社会，避免在思想政治理论课教学过程当中理论与实践相脱节。

第二节　高校思想政治教育的观念创新

一、以人为本的价值取向

（一）以人为本是思想政治教育的本质要求

按照历史唯物主义的观点，社会意识不仅有着相对独立性，更能对社会存在产生能动的反作用，蜘蛛的活动与织工的活动相似，蜜蜂建造蜂房的本领使人间的许多建筑师感到惭愧，但是最蹩脚的建筑师比蜜蜂高明的地方就在于他在用蜂蜡建造蜂房之前，已经在自己的头脑中把它建好了，这说明思想是行动的先导。正确的思想、观念、理论能推动事物的发展；反之，错误的思想、观念、理论则会阻碍事物的发展。在学校的思想政治教育中，正确的教育理念能有效地指导教育者制定符合学生思想实际的，有层次、分阶段的教育目标，选择贴近学生、贴近生活的教育内容，采用行之有效、多种方式结合的教育手段，利用多种多样的教育载体，进行准确有效的教育评估，从而达到提高学生的思想政治素质、提升学生综合竞争力的目的。

17世纪捷克著名的教育家扬·坷·夸美纽斯曾明确地提出教育要遵循自然适应性原则，要求教育同人的自然本性相一致。当代文化教育学的创始人斯普朗格更是明确主张："教育绝非是单纯的文化传递，教育之所以为教育，正在于它是人格心灵的唤醒，这是教育的核心所在。"大学教育是学校教育的高级阶段，是通过高深文化的传递、内化、选择和创新，来培养社会发展需要的、有创新精神的、全面发展的高级专门人才。真正的大学应该是探索真理和自由成长的最佳处所，在这里充满着对人的价值与意义的理解和尊崇，能够使置身于期间的每个人感受到充满内心的庄严感和被净化了的自我超越感。

作为培养大学生思想道德素质的思想政治教育，更应当充分表现对人的生命、价值、尊严的关切，确立以人为本的理念。这既是思想政治教育的本质要求，也是思想政治教育的历史启迪，更是思想政治教育的时代召唤、功能定位和力量源泉。

（二）尊重学生主体性，树立以人为本的教育新理念

新形势下，高等院校的思想政治教育要改变过去教师一人掌勺，忽视学生主体性的局面，树立"以人为本"的教育新理念，就必须充分认识当前学校教育的实际情况，深入分析学生的思想状况，认识社会对学生的影响，真正了解学生，关心学生，树立"育人首位"的思想，一切为了学生，为了学生的一切。具体来说就是要做到以下几点。

1. 尊重学生的个体差异

要承认学生的差别，尊重学生的个性特点和兴趣爱好。不要动辄把学生归类，不要轻易把生理问题、心理问题归结为思想问题，不要试图把学生的思维方式、思想观念和行为表现改造成一个模式。

2. 把握学生的正当需求

人的需求多种多样，各不相同。要正确引导，妥善处理，不要把个人的正当需求认为是"个人主义""私心太重"和"追求资产阶级生活方式"，不要简单地用社会的、集体的需求来否定或取代个人的需求。

3. 维护学生的合法权益

自由、平等、民主和正当的个人权益是社会赋予人的基本权益，高校大学生亦是如此。思想政治教育要尊重学生的主体意识、民主意识和平等人格，尊重他们的权益。

4. 帮助学生实现自我价值

自我实现是人的高层次追求和需要，引导和帮助人们实现自身价值是促进人的全面发展的应有之义。

学校要想方设法为学生提供施展才华的舞台，创造良好的学习和生活环境，使学生充分发展，享受因努力而带来的成就感，并产生对自己的价值认同，树立自信心，逐步实现自己的人生理想。

二、"三贴近"的育人原则

《关于进一步加强和改进大学生思想政治教育的意见》指出：要"以大学生全面发展为目标，解放思想、实事求是、与时俱进，坚持以人为本，贴近实际、贴近生活、贴近学生，努力提高思想政治教育的针对性、实效性、吸引力、感染力，培养德智体美全面发展的社会主义合格建设者和可靠接班人。"贴近实际、贴近生活、贴近学生，是思想政治工作的一条历史经验，是思想政治工作所应遵循的一个基本方针，也是思想政治工作增强实效性、针对性的根本保证。

"三贴近"是一种通俗易懂的表述，人们很容易理解它的意思，但这简单的表述却体现着最丰富而深刻的含义。从贴近实际来看，这里的实际既包括当前的时代特征，包括整个世界范围内科技革命迅猛发展、经济全球化势头强劲、政治多极化不可阻挡的实际，包括国内改革开放不断深入、市场经济不断完善、社会多样化趋势日益明显的实际，也包括我们现实生活中随处可见、可感、可及的实际；从贴近生活来看，这里的生活既包括现实的经济生活、文化生活，包括现实的政治生活，包括城市生活、农村生活，也包括社会各群体、各阶层的生存现状和发展趋势；从贴近学生来看，这里既包括学生的现实思想状况，包括学生的现实生活状况，也包括学生的愿望、需求、意见、建议，理想、态度、观念、习惯等。

对高校的思想政治教育来说，做到"三贴近"就是要把大学生的思想、学习、交往、生活实际同学校的教育管理活动有机地统一起来。

（一）要贴近大学生的学习实际

大学是人生发展的新阶段，大学阶段的学习有着自己的特点和规律。大学的目的基本上已经不存在，全面提高自身素质、增强适应社会的本领成为大学学习的直接目的；在学习内容上，不再是基础知识的吸收而是学习某一专业领域的知识；教学内容进度快，重复性少，大量知识要求学生自学；大量自由支配的时间让学生自己思考和选择怎样学，学什么。因此，要通过思想政治教育引导学生正确认识和把握大学阶段的学习规律，尽快适应新的学习生活，找准适合自己的学习方法，并将正确的世界观、人生观、价值观教育，道德教育，法纪教育，政治教育和情感教育融合在专业学习中，帮助他们制定正确的学习目标，循序渐进地提高自身的各项素质。

（二）要贴近大学生的生活实际

从进入大学校门开始，学校就把独立生活的能力作为大学生教育的重要内容，要求大学生在不断变化的环境中表现出优良的素质。这就要求大学生迅速适应大学生活环境的变化，但是许多学生以前都是在父母身边生活，衣食住行都由父母精心照料，日常生活的大小事务都是由父母包办，自己独立生活的能力差。进入大学，在地域上远离家庭，远离依赖的父母，很多学生都感到孤独无助，加上与人交流不顺畅，很容易出现思想上和心理上的问题。因此，思想政治教育要鼓励学生形成积极适应环境的良好心态，主动培养独立生活的能力，用正确的生活观、消费观引导他们，帮助他们走出不适应环境的心理阴影，把精力放到学习和提高自身素质上来。

（三）要贴近大学生的交往实际

人际交往既是大学生自身的需要，也是社会要求大学生具备的能力之一。从中学到大学，学生交往的对象和人数明显增多，同学来自五湖四海，彼此兴趣爱好差异较大。同长期交往的中学师生相比，更多的同学会觉得大学的师生关系较为疏远，同学关系也不如中学时好处。中学时由于父母的照顾和学习的压力，对友谊的渴望也不那么主动。进入大学，新的环境和伙伴要求大学生独立地与各种人交往，但由于缺乏沟通技巧等，不少学生一时难以建立友好协调的关系，甚至会发生人际冲突。这就要求通过思想政治教育引导学生在正确认识自己的基础上积极接纳自我，培养自信，并承担起指导大学生正确开展人际交往的任务，教给他们人际交往的知识，使他们乐于交往，善于交往，建立平等、友好、互信、互谅、互助的良好人际关系。

（四）要贴近大学生关心的社会实际和热点问题

当代大学生大多是"00"后、"05"后，他们的经历、阅历和社会感知是"与改革开放同行"的。他们"思想活跃开放，求知欲旺盛，认知能力增强，参与和竞争意识强烈，乐于追求新的思想和生活，崇尚务实的行为方式"。他们关心改革开放和社会主义市场经济建设，关心全面建设小康社会宏伟目标的实现和中华民族的伟大复兴，关心党风廉政建设，关心国际政治，关心国际体育赛事，也关心自己的就业创业前景和未来出路。这就要求大学生思想政治教育在理论与实践的结合上，在解决思想问题与解决实际问题的结合上，在国内与国际的结合上，在宏观与微观的结合上下功夫，出实招；真正在充分说理和解决实际问题上下功夫，出高招；并以饱满的热情和动人的感情去教育、开导、影响和感染大学生。

三、开放育人的教育理念

大学，不再是自我封闭的象牙塔，而是充满朝气、充满活力，面向社会、面向人生、面向世界、面向未来的新型阵地。大学之"大"，在于大学给予人们一种开阔的视野、开放的思维和充分、自由、全面、和谐发展的空间。大学阶段，是大学生走向社会，融入生活、开拓人生、创造价值的前提，它与人的生活、与人生发展具有更为紧密的联系。因而，大学教育强调的是开放性、发散性、立体性、自由性和创造性，注重以开放的视野、发散的视角、立体的维度、自由的模式和创造性的气魄来培养人、造就人。这正是大学及大学教育的真谛。作为大学教育一个重要组成部分的大学生思想政治教育，也必须树立开放育人的理念，着眼于开放性的个人和开放性的社会，使之同人的开放式的思想活动合拍，同社会的开放性发展合拍，使大学生思想政治教育更好地贴近实际、贴近生活，面向世界、面向未来。

坚持开放育人，是大学生思想政治教育在新的形势下增强其吸引力和感染力、针对性和实效性的一个重要思路。大学生思想政治教育是做人的思想的工作，从本质上讲，是以社会实践活动为基础的思想感情、精神活动的双向互动过程。思想的交流与沟通是其重要的表现形式。然而，当代大学生思想活动的开放性明显增强，思维的拓展性、发散性、深入性不断提升，与此相适应，大学生思想政治教育在方式方法和育人模式上也要体现开放性理念。同时，大学生所处的社会环境发生了重大变化。信息社会的到来，互联网成了人们获取信息的主要渠道，学校内部、学校与社会生活、不同学校之间、不同国家之间的联系更加紧密，互动开放性加强。这在一定程度上也要求大学生思想政治教育要转变思路，体现开放性和统一性要求。另外，高等教育出现了大众化和国际化的发展趋势，教育向公众开放，接受教育的群体呈现出不同的层次和结构，大学之间的国际交流与合作出现了迅猛发展的势头，高等学校向综合化、国际化办学迈进。国内外形势的新变化和高等教育的新发展，是当代大学生坚持开放育人理念的现实基点。

（一）大学生思想活动的开放性

大学生的生理发育基本成熟，心理发育趋于稳定。在大学阶段，随着专业知识的增加和社会实践经验的积累，大学生的自我意识不断增强，对自身的认识以及自身与周围环境之间的联系的认识不断深化；理性思维能力大大提高，进入了以逻辑思维为主的思维阶段，间接感知能力也同步提高；情感意识也获得了较大增长，体味亲情、注重友情、追求爱情，情商获得较大提高。所有这些，都促成了他们变动不安的思维活动。大学生站在学校与社会的交接点上，对社会、对人生的未来发展抱有无限的遐想。他们思想活跃、斗志昂扬、朝气蓬勃、敢想敢干、勇于批判、勇于创新、不断超越，思考问题能够多角度切入，系统性把握，不拘泥于一人一事、一时一地。他们不屑于盲目附和别人，有主见，能够自主判断，崇尚个性，看待问题有自己的独到见解，不盲从，不唯上，不信邪。他们生活在改革开放、经济全球化的大背景下，能够不断地解放思想、开拓创新、与时俱进，不会思想僵化、墨守成规、故步自封。他们的眼光总是指向未来，他们的思想总是联系现实生活。大学校园是他们放飞理想、成就梦想的精神之地，丰富多彩的校园文化是他们开放性思想活动的具体展现，也进一步激发了他们思想活动的拓展和深入。思想活跃、敢于创新，是当今大学生的显著特征，因此，承担着塑造人之灵魂责任的大学生思想政治教育工作者，应以一种开放的心态、包容的胸襟，采取多种途径和方式来启迪人、培养人和发展人。

（二）现代社会信息环境的复杂多样性

人们的思想活动源于人们所处的环境，环境塑造人。大学生思想活动的开放性从根本上取决于他们所处的社会环境的开放性以及接收信息的复杂多样性。现代社会，任何一个国家都不可能孤立存在，都是在与其他国家的交往中发展的。改革开放以来，中国的命运和世界的命运紧紧地联系在一起。世界上发生的重大事件都会对我国产生一定的影响。从国内来看，随着对外开放的不断扩大、社会主义市场经济的深入发展，我国的社会经济成分、组织形式、就业方式、利益关系和分配方式日益多样化，人们思想活动的独立性、选择性、多变性和差异性日益增强。我国处于经济转轨、社会转型的历史时期，也是矛盾多发时期，人们的思想观念发生了重大变化。整个社会风气的好与坏都会在大学生的头脑中得到反映，也促使他们的价值取向、理想信念、道德标准、心理倾向发生不同程度的改变。同时，信息时代的到来使互联网成了人们获取信息的主要渠道，大学生上网成了业余生活的主要休闲方式，信息由历时性传播向共时性传播转变，大学生获取信息的速度加快、数量增多、性质多样化。互联网上的信息充斥着大学生的头脑，五花八门的图片、视频让大学生眼花缭乱。其中有很多不健康的图片和视频严重地毒害着他们的心灵，还有一些反党、反政府、反人民的宣传信息通过互联网兴风作浪、蛊惑人心。另外，发达资本主义国家利用其高科技和互联网的优势，通过网络来传递它们的价值观和生活方式以及一些腐朽没落的文化，蓄意腐蚀我国广大青少年，进而达到和平演变的目的。所有这些，促使我们要进一步更新大学生思想政治教育观念，主动适应信息社会的开放环境，积极利用互联网这个重要载体来增强思想政治教育的吸引力和感染力。

第三节　高校思想政治教育的模式创新

一、校园活动是高校思想政治教育不可忽视的辅助手段

高校思想政治教育是高等教育的重要组成部分，是一切专业教育的基础和前提条件。改革开放以来，我国高校思想政治教育取得了长足的发展，随着国际国内一系列新变化、新情况的不断出现，高校思想政治教育面临严峻挑战。如何适应形势的变化、探索高校思想政治教育的新模式，是每一个思想政治教育者的责任。

校园活动是大学生的"第二课堂"，其课余活动主要集中在校园中进行。如果说课堂教育从本质上难以改变"灌输"性质的话，那么利用校园活动进行思想政治教育就更具有因势利导的优势。校园活动从形式到内容都丰富多彩，极受学生欢迎，特别是在这些活动中学生都是主动、热情地参与其中的，在形式上更易于接受思想教育。如很多院校学生都自发组织了"研究会""学习小组"等，在课余自觉研究理论，交流学习心得体会，共同探讨，争论疑难问题。有些院校则经常请来一些学者、专家、企业家做专题报告、讲座，吸引了大批学生，内容涉及学生所关注的一系列国内外重大事件及问题，如有关人权、知识经济、国企改革等。这些讲座具有很强的针对性、时效性，从不同的侧面进一步解决了学生的思想困惑，开阔了视野，弥补了课堂教学的某些不足。特别是企业家成功之路的报告，更使学生体会到思想政治并不抽象、不遥远，而是现实地存在于我们的社会实践之中，从而体会到现实意义。此外，由院、系或学生组织的大型演讲赛、辩论赛、征文比赛等活动频繁地展开，以多种形式和丰富的内容调动了学生参与和学习的热情。通过上述校园活动，既提高了学生的综合素质，丰富了课余生活，又在课堂之外进行了潜移默化的思想政治教育，无形中形成了课堂教育的延续，发挥了难以替代的补充和强化作用。

二、新媒体时代下，要树立大学生思想政治教育的现代服务意识

随着改革开放的深入发展，社会经济、政治、文化、人们的思想观念等方面已发生了

一系列深刻变化，这就要求思想政治教育工作必须通过改革来不断适应新的实践的发展。而思想政治教育改革虽然取得了巨大成就，但仍远远落后于时代发展的需要，出现了思路滞后、方法滞后、内容滞后、观念滞后等一系列问题，严重制约着思想政治教育的顺利开展和预期效果的实现。当今时代高速发展，高校的思想政治教育工作面临着前所未有的机遇和挑战，我们一方面要抢抓机遇，乘势而上，另一方面要主动迎接挑战，努力推动思想政治教育工作的现代化，特别是教育思想观念的现代化。新形势下，以市场为导向，树立思想政治教育的服务意识显得尤为重要。树立服务意识就是要自觉地把思想政治教育的位置摆正，从经济建设、党的路线方针着眼，从学生的实际需要出发，而不是从我们的主观臆断出发，真正地帮助当代大学生排除人生道路上的障碍，从而使他们积极健康地投入社会生活。思想政治教育的服务意识应主要体现在以下几个方面。

（一）服务于经济建设，服务于党的路线、方针、政策，这是思想政治教育工作的本质，也是其生命力之所在

党的工作只有经济建设一个中心，这就决定了思想政治教育必须为这个中心服务。思想政治工作不能游离于经济建设之外，更不能搞自我中心或多个中心，妨碍和干扰经济建设的发展。思想政治工作者必须提高执行党的基本路线的自觉性，强化为经济建设服务的意识，自觉地服从和服务于经济建设。思想政治工作只有在经济建设和改革开放的过程中找到自己合适的位置，才能发挥自己特有的作用，体现自己的价值。这是值得高校的思想政治教育工作者认真领会的。

思想政治教育要全力为经济建设服务，这是完全得民心，顺民意的。因此，在行为方式上，要从计划经济条件下思想政治教育的"一刀切、齐步走"中挣脱出来，强化自主性，提高因时因地的针对性。改变过去那种居高临下的"官本位"形象，要从领导和支配其他工作的神圣位置转移到服务于经济建设的位置上来。市场经济条件下，应紧紧围绕经济建设大局和党的路线、方针政策而开展高校的思想政治教育工作，把先进科学的理论和党的路线、方针政策灌输于青年学生，使他们牢固树立以经济建设为中心的思想观念，正确处理其他各项工作与经济建设中心的关系，在思想上与党和政府保持高度的一致，在将来的工作中形成促进经济建设的强大合力。这就成为推动市场经济发展的强大动力和有力保证。

（二）服务于学生满足求知欲和解答思想疑惑的需要

思想政治教育工作服务于学生的求知欲和思想上的疑惑，就是满足学生掌握知识的需

要和了解世界的渴求，解答学生思想中各种疑难和困惑。随着改革开放的深入，市场经济的发展，科学技术的进步，面对大量的新鲜事物和复杂多样的信息，学生的观念、要求、愿望、思维方式和生活方式等不断随之变化，其求知欲更强，思想上的困惑、疑难问题也更多，这就需要通过思想政治教育中包含的科学知识来满足他们的一部分求知欲，解答他们思想中出现的一些疑惑。为此，思想政治教育的手段、方法、机制、观念等必须转变，特别是教育者的思想观念必须跟上时代的步伐，必须准确把握学生的思想脉搏，否则就成为青年学生眼中的古董、怪物，与之格格不入，就难以做好他们的思想政治工作。当然，思想政治教育也要有预见性、主动性、超前性，及时消除学生思想中的错误认识、判断及不良动机，防患于未然，要防为上，救为次，戒为下。对理论方面的重大问题不能总是低水平重复，要有走向前沿的勇气，要把学生引向研究前沿问题，通过学生自己的探索研究，得出正确结论，从而提高学生的思想认识和政治觉悟。

（三）服务于解决学生的实际问题

老子有一句名言："将欲取之，必先予之。"其包含的思想对目前做好思想政治教育工作也是很有借鉴意义的。

思想政治教育是解决人的思想问题的。当前在新旧体制交替、碰撞过程中，各种热点、疑点和难点问题将不断出现，如果不及时解决好，势必影响学生的情绪，引起思想波动。因此，思想政治教育者一方面要做好思想政治工作，帮助学生正确认识和对待出现的矛盾，以积极的态度克服遇到的实际困难。另一方面，要满腔热情关心他们的学习生活实际，千方百计地为他们排忧解难，使他们感受到党和国家对他们的关怀和温暖。对一时解决不了的问题，也要讲清道理，做好解释工作；要把解决实际问题的过程变成提高思想觉悟、调动积极性的过程，以增强思想政治教育工作的感召力和有效性。

三、加强大学生思想政治工作队伍建设

（一）高校学生思想政治教育工作队伍建设的几点要求

新中国高校学生思想政治工作队伍经过多年的建设，现已趋于成熟，在高校教学、科研、管理等工作环节中发挥了应有的作用。但是，随着时代的发展变化，这支队伍和所从事的思想政治工作也存在一些问题，主要表现在以下三个不适应：一是在思想内容上不适应当今世界政治、经济、文化、科技等方面发生的一些新动向；二是在方法手段上不适应目前网络媒体的迅速崛起和我国日新月异发展所带来的新变化；三是从形式机制上不适应

高校扩大招生、大众化趋势、自身超常规发展所引起的一系列新问题所提出的新要求。这三个不适应归结在队伍建设上实际就是教育者年龄偏大或偏轻、知识不足或不精、人员数量不足或者不稳、工作方法手段落后等。因此，对高校思想政治教育工作队伍建设进行深入思考研究，有针对性地提出一些新要求是十分必要的，具体如下。

1. 硬件要求

高等学校要从自身的实际情况出发，在思想政治工作队伍建设方面按照党中央的部署，明确思路，制订计划，其中应当包括人员选拔、经费、设备等各环节的必备要求。从物质上确保在校学生思想政治工作的正常开展。

2. 软件要求

这是对学生思想政治工作队伍建设中从事这项工作的人员的素质要求，也就是说要从事学生思想政治工作就要达到相应的要求，这个要求作为标准必须要明确。比如从政治素质、思想作风、政策水平三个方面规范要求，使之成为学生思想政治工作者必须达到的条件。另外，还应从个人品行表现、事业心责任心敬业精神、文化修养等方面对高校思想政治工作者提出较高的要求，使之成为学生思想政治工作者努力的方向和衡量自身工作的标准，从精神上对学生思想政治工作者做出具体要求，以保证高校学生思想政治工作沿着正确的目标发展。

3. 业务能力上的要求

这一要求实际是学生思想政治工作队伍建设硬件、软件要求的具体体现，也是对学生思想政治工作者最重要的要求。如果在这个问题上对学生思想政治工作者的要求不严，或者说没有保障学生思想政治工作者不断提高业务水平的具体措施办法，那么可以预见高校学生思想政治工作在错综复杂的国际国内形势面前和现代信息科学技术飞速发展的情况下将显得软弱无力、无所适从。加之，在现阶段，学生思想意识不断发生变化的情况下，高校学生思想政治工作队伍的整体水平和业务能力并没有得到应有的提高，有的存在对现实中的热点难点问题不能答疑解惑，对深层次的问题缺乏认真研究，回答问题牵强附会，工作没有实效性，针对性不强，这都是学生思想政治工作者业务能力不适应现实要求的表现。因此，不断要求他们加强对马克思列宁主义、毛泽东思想、邓小平理论、"三个代表"重要思想、科学发展观以及习近平新时代中国特色社会主义思想的学习和研究，提出符合高校学生思想政治工作规律的目标要求，创造必要的条件，给予适当的物质保障，切实提高他们的业务能力和工作水平。

4. 精干、高素质

学生思想政治工作队伍是高等学校教书育人的中坚力量，不是什么人都能胜任的，不能滥竽充数。精干是对学生思想政治工作队伍建设的第一要求，符合现代效率原则。同时队伍精干必然要求人员高素质，两者相辅相成，互为条件。所以高校学生思想政治工作队伍必须要按照精干、高素质的要求建设。否则，这支队伍在高等学校的工作中就没有高效率，也发挥不了应有的作用。

（二）大力加强高校学生思想政治教育专业建设

保证高校学生思想政治教育工作队伍人才资源的关键是专业建设。加强思想政治教育的专业建设能更加有效地推行大学生思想政治教育工作队伍的专业化、职业化和专家化。大力强化思想政治教育的专业建设，具体应该加强以下工作：一方面是增加思想政治教育的专业方向。在现有的思想政治教育专业内，增设针对大学生思想政治教育的相关方向，如学生事务管理、心理咨询理论与实践、辅导员和班主任工作等。在课程设置上，也要开设与大学生思想政治教育工作相关的课程和内容，如学生职业生涯规划与指导、心理健康教育与咨询、网络思想政治教育理论与实践、就业指导与咨询等，以达到增强专业社会适应性、强化大学生思想政治教育队伍的建设目标。另一方面是尝试增设"高校辅导员"本科专业。高校辅导员，其特殊的身份和性质、特殊的地位和作用、特殊的工作任务和要求，需要进行专业化的培养和培训，并达到一定的资格水平。根据国家对辅导员的学历学位要求，可以将高校辅导专业设置为本硕连读制，以增强专业学习的系统性和应用性。同时，按照国家规定的师生比1：200的比例要求配备高校辅导员，我国仍需要相当数量的人员充实高校辅导员岗位，这也保证了该专业的生源基础。

（三）高校学生思想政治工作队伍建设的专兼结合问题

在高等学校，学生思想政治工作专职人员一般是指分管学生工作的党委副书记、"两课"教师、学生处、团委、就业指导中心等有关部门以及各院（系）从事学生工作的人员。而从事学生思想政治工作的兼职人员，可以从政治品质好、有一定的思想理论水平和组织活动能力的教师、干部及品学兼优的研究生、高年级大学生中选拔。

专兼职结合的学生思想政治工作队伍是我国高等学校长期以来在人员结构方面形成的一大特点。实践证明，在高校没有一支精干、高素质的专职学生思想政治工作队伍是不行的，但是仅仅靠这支队伍完成高校繁重的思想工作任务又是远远不够的，兼职人员在高校学生思想政治工作中的作用是不可替代的。所以发挥专兼结合的互补优势，对建设好学生思想政治工作队伍有至关重要的作用。那么，如何发挥专兼职人员各自的作用是一个值得认真思考的问题。首先，应当明确专职学生思想政治工作者在高等学校中的地位，要把他们真正作为高校教书育人不可缺少的力量，在工作中使他们与专任教师、科研学术人员处于同样的位置，在政策上要一视同仁。应当创造条件，鼓励他们脱产进修、攻读学位。要充分发挥选拔、使用、管理、培训等手段的作用，加强对他们的培养，确保专职学生思想政治工作队伍在高校不被削弱。其次，发挥兼职人员的作用，充分调动这支队伍做好学生思想政治工作的积极性也是非常重要的。要克服思想政治工作与教学、科研、管理两张皮的错误倾向，使思想政治工作浸透到教学、科研和管理中。因此，兼职人员在高校学生思想政治工作中的地位和作用也是十分突出的，应当受到尊重。同时，要建立合理的工作量化机制，保证他们既做好教学、科研和管理工作，又要做好学生思想政治工作，使之成为既教书又育人的专家。

总之，专职队伍与兼职队伍在高校工作中实际上是一体两翼的关系，而不是主次关系，不存在谁轻谁重的问题。正确处理二者之间的关系，使二者结合起来，形成合力，不仅是高校学生思想政治工作队伍建设中的一项重大课题，而且也是做好高校学生思想政治工作的组织保证，同时又是党在高校工作的侧重点，应当在实际工作中加以认真研究和高度重视。

第二章 高校思想政治教育的内容与方法创新

第一节 高校思想政治教育的内容创新

思想政治教育的内容研究，是思想政治教育的重要因素之一，在整个思想政治教育体系之中占核心地位。正确地选择和确定思想政治教育的内容，是保证正确政治方向的一个关键环节。为了提高内容的科学性和发挥作用的稳定性，保证教育内容的方向性，防止思想政治教育内容的泛化和动荡化，特别防止思想政治教育内容的"去意识形态化"，对于思想政治教育内容的有关问题，要有清楚的认识。

一、道德观教育

道德内部结构包括道德观念、道德行为、道德规范、道德评价。

根据涉及领域的不同，道德分为社会公德、职业道德、家庭美德（属于个人私德范畴）。这三个领域对应着社会生活的三个范围（公共场所、职业岗位、家庭和个人私生活）。

良好道德素质形成的规律是：继承中华民族优秀道德传统，适应社会主义建设的现实，建设以为人民服务为核心、以集体主义为原则的道德品质。"以德治国"强调"自律"，依法治国强调"他律"，必须实行依法治国与以德治国的结合。

关于道德观教育的具体内容，中共中央印发的《公民道德建设实施纲要》（以下简称《纲要》）做了具体的规定。《纲要》提出，在公民基本道德规范方面要做到爱国守法、明礼诚信、团结友善、勤俭自强、敬业奉献。在社会公德方面要做到文明礼貌、助人为乐、爱护公物、保护环境、遵纪守法。在职业道德方面要做到爱岗敬业、诚实守信、办事公道、服务群众、奉献社会。在家庭美德方面要做到尊老爱幼、男女平等、夫妻和睦、勤俭持家、邻里团结。

二、政治观教育

（一）阶级和阶级斗争的观点和阶级分析的方法

马克思主义者决不同那些把阶级斗争从运动中一笔勾销的人一道走。在中国现阶段，阶级斗争在一定的范围内依然存在，有时会很激烈，但不是主要矛盾。由于国内的因素和国际的影响，阶级斗争还在一定范围内长期存在，在某种条件下还有可能激化。在存在着阶级和阶级斗争的社会里，绝对不能取消或淡化阶级斗争的观点和阶级分析的方法。应该把这一基本观点列为政治观教育的内容。

马克思主义的阶级和阶级斗争观点的主要内容有：阶级的存在与生产发展的一定的历史阶段相联系；阶级斗争是人类阶级社会发展的直接动力；阶级斗争必然导致无产阶级专政；阶级就是一些大的集团在生产关系中所处的地位不同，对生产资料的占有关系不同，其中一个集团占有另一个集团的劳动；阶级斗争是阶级利益根本冲突的对抗阶级之间的斗争；在阶级社会中，必须坚持阶级分析的方法。

资产阶级为了掩盖剥削和压迫劳动大众的现实，一向抹杀阶级区分，宣扬"超阶级"的学说，攻击马克思主义的阶级和阶级斗争学说。在国际共产主义运动中，一些背离马克思主义基本观点的人物，也先后提出过"全民党""全民国家""全人类的利益高于一切"等取消阶级分析的提法，甚至还把这种提法称作"新思维"，实际上是对马克思主义和劳动人民根本利益的背叛。

（二）国家的本质和职能的观点

马克思主义的国家观认为，国家问题是一切阶级斗争的焦点。国家在本质上是一个政治概念和阶级概念，而不是一个地区概念。

马克思主义的国家本质的观点包括：国家的本质是阶级矛盾不可调和的产物，是阶级统治和阶级压迫的工具，是一个阶级镇压另一个阶级的暴力机器。国家是在经济上占统治地位的阶级维护自己的经济利益和特殊地位的工具；无产阶级专政的国家，是新型的民主与新型的专政相结合的新型国家，是工人阶级和绝大多数劳动人民对极少数剥削者的专政。

国家职能是国家本质的体现。国家的主要职能有：对内镇压被统治阶级的反抗，对本阶级实行一定范围的民主；运用政权的力量巩固和发展经济基础，干预经济生活；维护统治阶级需要的社会秩序，调节社会矛盾，防止社会崩溃；对外组织国防，防止外来侵略，调节国家关系，保护本国利益。

（三）政党的性质和作用的观点

马克思主义认为，政党是社会经济和阶级斗争发展到一定历史阶段的产物。它是社会发展到资本主义大工业生产阶段形成的政治组织，是各阶级政治斗争的产物。政党的本质属性，就是它的阶级性。任何一个政党，都是代表一定的阶级、阶层或社会集团根本利益的组织。所谓"全民党"的说法，不是资产阶级的欺骗，就是无产阶级队伍中蜕化和背叛的反映。

政党的特点是：有政治纲领；有政治目标；有稳定的领袖集团主持；有组织纪律。

政党的作用是由它所代表的阶级、阶层或社会集团的性质以及它在物质生产中的地位决定的；政党总是在一定历史条件下，在政治领域内对生产力的发展和生产关系的变革发生作用；不同时代、不同性质的政党，在历史发展进程中的作用是不同的。

资产阶级的多党制是在代表同一个资产阶级利益的前提下，由多个政党分别代表资产阶级内部不同阶层或集团的利益而形成的。

中国共产党是无产阶级的先锋队组织，以先进的理论武装、先进的民主集中制组织起来的先进政党，代表最广大人民群众的根本利益，是中国特色社会主义事业的领导核心。

（四）马克思主义人权观

"人权"是近代资产阶级思想家提出的一个概念。早期资产阶级思想家宣扬"天赋人权"。马克思主义不承认"天赋人权"，认为人权是阶级斗争的产物。人们在阶级社会中，由于经济、政治地位不同，不可能享有平等的权利。世界上根本没有超阶级的、抽象的、"普世的"、绝对意义上的人权，只有与各国实际情况相适应的、相对的、具体的人权。

资产阶级的人权观的局限体现在，资本主义社会在其上升阶段提出了"人权"的概念，却不能在社会现实中实现，人权的概念与社会现实严重脱节，资本主义私有制社会无法做到人们的权利平等。现代人权的发展，包括了集体人权的思想和尊重国家主权的思想、第三世界人民的生存权和发展权的思想，实际上超越了资产阶级的人权观；社会主义国家为实现真正的平等人权创造了前所未有的经济、政治和文化基础，超越了资产阶级的人权思想。

中国的社会主义人权观的特点：第一，广泛性。享受人权的人群是全体公民；人权涉及的领域更广，包括了生存权、发展权、国家主权、人身权、政治权等权利；不但保护个人人权而且保护集体人权。第二，公平性。消除了金钱和财产状况、民族、性别、职业、家庭出身、教育程度、居住期限等限制。第三，真实性。国家为人权的实现提供了制度、法律、物质方面的切实保证。

目前社会主义人权观正在完善过程中，其理论体系需要继续发展，目前存在的薄弱环节需要解决。有些人权领域的发展受忽视，如尊重个人隐私权、正确对待犯人的人权、监督和限制官员的行政权等。有些则发展不够，如生存权方面的下岗现象和贫富分化问题，发展权方面的就业压力和机会不公的问题，对人才评价缺少公平稳定的机制问题等。

社会主义国家人权入宪，积极推进了人权发展的进程。更加尊重和发展个人的权利，同时制约特权和行政权力对个人权利的干预和侵犯。人权建设是全面小康社会的目标之一，必须懂得社会主义人权观念，才能更好地适应社会发展。

人权的研究和宣传要在两个战线上作战，既要回答西方敌对势力对我国人权状况的攻击，驳斥敌对势力宣扬的所谓"人权高于主权"的谬论，又要研究和揭示国内人权建设中存在的问题，深化国内的人权建设。

三、创新意识教育

（一）大学生创新意识的内涵

经济全球化潮流风起云涌，科学技术更新周期不断缩短，世界各国的发展高度在很大程度上取决于人才的数量、结构以及质量。人才的质量与创新能力密切关联，培养创新型人才是提高人才质量的内在需要。《中华人民共和国高等教育法》明确规定："高等教育的任务是培养具有创新精神和实践能力的高级专门人才，发展科学技术文化，促进社会主义现代化建设。"因此，增强大学生创新意识，着力培养和提高大学生的创新能力，保证毕业生具备较强的创新能力，是新时期高等教育的目标之一。创新意识教育是高校思想政治教育的重要部分，要积极探索大学生创新意识教育的方法与途径，充实高校思想政治教育的内容，满足社会发展对高素质人才的需要。

（二）大学生创新意识教育的基本思路

第一，营造创新氛围，增强自主意识。在校园学习和生活中，要建立和谐的师生关系，做到师生平等。老师要确立学生为主的主体地位，让学生克服自卑心理，培养大学生积极进取、知难而进的精神。教师要注重培养大学生的自主学习与创新意识，因为自主意识是发展创新意识的基础和前提。

第二，培养观察能力，鼓励大胆想象。观察是通往真知的大门，大学生通过参加社会实践去观察也是有效的途径之一，借此掌握我国科学技术在生产一线的应用情况，了解科技创新对社会主义现代化建设的重要性；利用大学寒暑假的社会实践活动也可以培养大学生的观察能力，进而培养大学生思考问题和解决问题的能力。

第三，夯实基础知识理论体系，培养实践能力。教师需要引导大学生刻苦学习，努力掌握基础理论知识，认真学习文化课和专业课的相关知识体系。目前，许多大学生在科技文化课外活动中，显示了很强的组织创造力。教师应鼓励大学生多参与社会实践、多进行实验创新和发明以及各种科技文化创造活动，不断提高大学生创新能力。

第四，引导放射思维，重视个性发展。教师应鼓励大学生遇到问题深入思考，引导大学生打破常规、运用求异思维解决问题。

（三）大学生创新意识教育的路径选择

高校要构建大学生创新教育模式，必须以大批创新型教师为基础。创新型教师自身可以不断更新知识，深化教学研究，努力提高自身和大学生的创新意识和能力，尤其在思想政治理论课教学过程中，创新型教师通常具有高瞻远瞩的思想高度，有助于大学生创新思维的培育。

四、人生价值观教育

人生观是根据一定的世界观去观察和对待人生的目的、人生价值和人生道路的根本看法和态度。各种不同的思潮反映了不同的人生观的类别，如享乐主义人生观、悲观主义人生观、权力意志主义人生观。我国提倡的是马克思主义科学人生观和为人民服务的人生观。

为人民服务的人生观包括的内容有：

（一）树立崇高的人生理想教育

社会理想是对未来社会的向往。在共产主义的最高理想指引下，现阶段我国人民的共同理想就是建设中国特色社会主义。后者代表了现阶段全国各族人民的根本利益和愿望。

理想有多种分类说法，除了社会理想之外还有社会主义的道德理想、职业理想、生活理想等。

（二）人生价值教育

人生价值包括两个方面：一方面是个人对社会的责任和贡献；另一方面是社会对个人

的尊重和满足。在社会主义国家，判定人生价值的标准是对社会的劳动和贡献。这是人生价值的核心问题。不同的社会有不同的认识价值的标准。这也是一个导向，与西方资本主义社会的金钱价值观划清了界限。

（三）人生态度的教育

人生态度是个人在一定的环境中体验出来的关于人生的稳定的心理倾向。要以积极进取的态度对待苦乐、荣辱、生存与发展。

（四）人生道路的教育

人生道路是实现人生目的的途径。人生道路应该与社会实践、工农群众需求、国家的发展、个人的目的结合起来。

（五）集体主义的人生价值观教育

当今世界流行两种不同的人生价值观派系，一是集体主义的人生价值观，二是个人主义的人生价值观。前者以最广大人民群众的利益为本位，后者以个人的利益为本位。

全面理解集体主义的内涵：以集体的利益为重，尊重个人的正当利益，追求个人与集体的不断完善。做到自我价值与社会价值的统一，艰苦创业与正当享受的统一，义（公共利益）与利（个人利益）的统一。

世界观、人生观、价值观三者之间的关系是：世界观具有决定意义，人生观价值观有指导作用；人生观、价值观能够促进世界观的形成；三者的形成具有不同步性。

五、社会责任感教育

（一）社会责任感相关概念的界定

社会责任感是社会成员应具备的一种基本思想意识，它指的是社会群体或者个人在一定社会历史条件下所形成的为了建立美好社会而承担相应责任、履行相应义务的自律意识和人格素养。社会责任感是个体主动为社会、国家做出贡献的驱动力量。具有强烈社会责任感通常具备以下三种特质：一是遵守社会法律法规和道德规范；二是爱岗敬业，热爱自己的本职工作，有为社会服务的奉献精神和关心帮助别人的仁爱精神；三是关注社会发展，关心国家大事，坚守公平和正义。

我们应认识到，社会责任感的内容会随着社会历史条件的变化而发生改变。但无论处于怎样的社会环境中，社会责任感在社会发展中的价值方向是不会改变的，它一直引领着社会的发展和进步。社会责任感从主体角度分类，可分为个人社会责任感和社会群体的社会责任感，个人社会责任感是以自身为主体的责任感，社会群体的社会责任感是以集体、国家、民族乃至全世界为主体的责任感。个人责任感和社会责任感是相互依存、相辅相成的关系。个人的发展需要社会这个平台，没有社会这个平台，个人就没有施展才华的空间，同时，社会的发展和进步也离不开个人的推动和贡献。所以个人必须具备强烈的社会责任感，否则就不利于社会的和谐与进步。

知识经济时代的国际竞争其实就是人才的竞争，教育是社会发展的基础，一个国家的教育水平决定着这个国家未来的发展方向，而大学生是国家人才的储备力量，其综合素质的高低影响着国家的发展实力。提高大学生的综合素质，是各高校不可推卸的责任，而大学生社会责任感的培养就是高校思想政治教育中的必要部分。社会责任感在大学生的各种素质中处于基础性地位，其重要性是不可撼动的。

大学生社会责任感有狭义和广义之分。狭义上的大学生责任感是大学生对其在人类社会发展中所承担的责任是否符合内心需要而产生的自觉意识和情感体验。广义上的大学生社会责任感也包含自我责任感。个体组成了社会，个体首先要对自己负责才能为他人、为集体负责。值得注意的是，广义上的社会责任感并不包含以自私自利、损人利己为主要内容的自我责任感。

（二）当代大学生社会责任感的现状

调查发现，当代大学生社会责任感的主流是健康、积极的。面对老人摔倒的现象，多数大学生最终都是会扶起老人的，这当中有部分大学生因为受到当前社会风气的影响，需要有人做证才敢扶。同时，也有部分同学因害怕被老人家属讹而不敢扶，或者选择拨打急救电话，他们不是不想扶，而是受社会风气的影响有所顾虑，可见，如果社会风气能够得到有效改善，他们对他人的社会责任感或许会更强烈一些。对于部分大学生存在的社会责任意识缺乏的问题，当前我们全社会尤其是我们思想政治教育者要通过对大学生进行社会责任感教育，使他们积极为中华民族伟大复兴中国梦尽己所能，做出贡献。

（三）当代大学生社会责任感存在的问题

尽管大学生社会责任感的主流是健康、积极向上的，但同时也有一些大学生在社会责任感上是消极的。当代大学生在社会责任感方面所存在的问题主要表现在以下几个方面。

1. 当代大学生缺乏强烈的自我责任感和自我约束力

当代大学生大多是"00后""05后"群体，他们做事情往往以自我为中心，在平时学习和生活中对自身要求不高。有的大学生在专业选择上也是以毕业后能否得到高的利润回报作为标准，而并不关注国家和社会的需要。在激烈的市场竞争环境下，大学校园中的"考证"风气浓厚，大部分学生都是为了完成学分或是能在毕业之后找到一份高回报的工作，他们并没有认真考虑这个证书能给自己带来什么质的提高。当代大学生大部分都是独生子女，他们是家庭的中心，因而有些大学生在人际交往中较为专横，并不考虑他人的感受，容易与他人起冲突。还有一些大学生总是抱怨社会的不公平、不公正，而不从自身寻找原因。有的学生缺乏对自己人生的整体规划，缺乏明确的奋斗目标与人生目标，忽略自身的社会价值以及应对社会做出的贡献。

2. 当代大学生过于关注个人前途而忽略社会发展的实际需要

在市场经济环境下，由于受到一些不良因素的影响，某些大学生过于关注自我利益及自我发展，对社会需求漠不关心，从而忽视了个人存在的社会意义。随着社会经济发展水平的提高，他们没有将社会和国家的需要作为考虑因素，而过于关注个人利益，有明显的个人主义和功利主义倾向。

3. 当代大学生缺乏强烈的家庭责任感和感恩意识

由于当代大学生家庭经济条件较好，有些大学生备受长辈溺爱，这使他们容易养成依赖父母、依赖家庭的不良习惯，他们往往把父母对自己的关怀当作理所当然之事，对家庭缺乏责任意识，有的还会埋怨父母未能给自己提供良好的经济条件。这些现象都表明当代大学生缺乏强烈的感恩意识和责任意识。

六、科学世界观教育

世界观是人们对世界的根本看法和观点体系。不同阶级具有不同的世界观。无产阶级的世界观也称作共产主义的世界观或共产主义的宇宙观。马克思主义哲学是迄今为止最科学、最先进的世界观、方法论。它分为两个部分，一是辩证唯物主义，二是历史唯物主义。这一科学的世界观就是思想政治教育的首要内容。

科学世界观教育的内容有以下两个方面。

（一）辩证唯物主义

马克思主义哲学在科学实践的基础上，实现了唯物主义与辩证法的有机统一。马克思主义的唯物主义是辩证的唯物主义；马克思主义的辩证法是唯物主义的辩证法。这种既唯物又辩证的科学世界观，不仅回答了世界本质是什么的问题，也回答了世界状况是怎么样的问题。

辩证唯物主义的基本观点包括：物质第一性，意识第二性，意识对物质具有反作用；物质世界是普遍联系的，永恒发展运动着的；对立统一规律是宇宙的根本规律，事物的发展是质量互变和否定之否定；辩证唯物主义的显著特点是它的实践性。

马克思主义的认识论坚持从物质到感觉和思想的认识路线。认识的发展过程是从感性认识到理性认识，又从理性认识到改造客观世界。一个正确的认识往往经过多次的反复才能完成。在这个过程中，实践是检验真理的标准。马克思主义的认识论，是党的实事求是的思想路线的理论基础。

由于我国历史上是一个小农经济的国家，人们习惯于看问题时的封闭性、绝对化、走极端。所以，在历史上中国是一个最容易违反辩证法的地方，同时，中国又是一个辩证法非常发达的国家。我们需要用马克思主义的辩证法吸收中国古代朴素的辩证法的营养，锤炼我们的辩证思维，牢固树立唯物辩证法的适度的观点、发展的观点、普遍联系的观点。

（二）历史唯物主义

历史唯物主义是马克思的一大发明，是观察一切社会现象的科学武器，它揭示关于人类社会发展的总规律，是辩证唯物主义原理在社会生活和社会历史领域的贯彻和运用。同时，它又是支撑科学理想信念的支柱。

历史唯物主义也是思想政治教育的最基本的理论基础。一个理论工作者的理论功底，主要体现在对历史唯物主义的把握程度，历史唯物主义的基本观点是：人类社会是物质世界长期发展的结果；物质资料的生产活动是人类社会赖以存在的前提和基础；社会历史有自身发展的规律，是一个自然历史过程；劳动的发展史是解开人类社会发展史的一把钥匙；社会基本矛盾是生产力与生产关系、经济基础与上层建筑的矛盾，这两对矛盾是社会发展的最终根源和动力，在阶级社会里，社会基本矛盾表现为阶级矛盾和阶级斗争；社会存在决定社会意识，社会意识反作用于社会存在；人民群众是历史的创造者。

学习辩证唯物主义和历史唯物主义具有重要的意义，它可以帮助人们一切从实际出发，而不是从主观愿望出发；指导人们建立普遍联系的、发展的、适度的观点，克服孤立的、静止的、极端主义的观点；掌握观察一切社会现象的钥匙。

七、法制观教育

法制即法律与制度的合称。法制观教育就是遵守社会主义法律和制度的教育。法制观教育包括以下内容。

（一）社会主义民主教育

没有民主就没有社会主义。社会主义民主教育的内容包括：民主的实质以及社会主义民主与资产阶级民主的区别；民主集中制，民主与集中的关系；个人民主权利与遵守法纪的一致性。社会主义民主建设是一个长期渐进的过程。党的领导是社会主义民主建设的保证，党领导人民争得了民主，建设社会主义民主是党的战略目标。

（二）法制教育

法制观教育的方针是有法可依，有法必依，执法必严，违法必究。

法制教育的内容包括：教育人们知法、懂法；教育人们懂得法律的严肃性，守法，在法律面前人人平等；维护安定团结的局面。要特别重视以宪法为主要内容的教育，掌握宪法的基本原则，把宪法作为一切行为的根本准则。

（三）纪律教育

纪律是执行党的路线、方针、政策的保证，是"四有新人"的重要内容之一。在纪律教育中正确把握纪律与自由的辩证关系，遵守纪律和秩序，才能促进社会风气的好转。

八、就业观念教育

近年来，大学生就业问题日益凸显，各高校逐渐开始重视大学生就业观念培养，为大学生就业提供良好环境。为进一步推进大学生就业指导工作，应不断创新工作理念，改进工作方法，健全就业观念教育工作机制，为大学生顺利就业给予多方面支持。

（一）大学生就业观念培养中的思想政治教育

经济全球化促进了世界各地区联系的密切，但却无形中为高校学生的就业增加了压力，经济发展模式较为混乱也导致就业形势的紧张。同时，随着我国教育改革的不断深入，高校扩招使得毕业生数量急剧增加，更为大学生的就业形势带来了严峻的考验。而就大学生自身就业意识来说他们缺乏合理的职业规划，对未来充满了茫然与不知所措。因此高校的思想政治教育更要成为指导大学生有效就业、缓解大学生就业中的诸多压力，培养大学生敢于面对、敢于拼搏的职业素养。

思想政治教育对高校学生的职业素养有着不可替代的重要意义，有效的思想政治教育不仅可以平复大学生面对就业压力时的躁动情绪，也可以有针对性地成为引导大学生培养职业意识与采取行为举措的利器。同时，随着时代的发展，就业不仅仅看重一个人的学历与能力，更看重求职者的职业素养与思想品德，高校的思想政治教育，正是以培育学生良好的道德素质与职业操守为目标。

（二）大学生就业指导工作理念的创新

1. 树立以学生为本的教育理念

在开展大学生就业指导思想政治教育工作中，教师要时刻以学生为本，坚持学生在教育中的主体地位，从多层次、多角度去激发学生在就业中的主动性与创造性。教师要培养学生自我探索、自我发展和自我提高的能力，同时，时刻关注学生在就业中普遍存在的思想观念问题，寻找正确的切入点和出发点，让学生学会如何在职场中维护自身的合法权益，充分体现就业指导对大学生思想政治工作的教育作用。

2. 树立心灵沟通的教育理念

大学生在步入社会前，面临着较大的就业压力，往往会出现缺乏自信、沮丧、失落等负面情绪，会对教师的教育指导产生一种抵触心理。因而，教师在对学生进行就业指导思想政治教育时，应随时关注学生的动态心理变化，及时与学生进行心灵沟通，疏导学生各种不良情绪，通过不断地进行情感交流，让学生能够深刻感受到来自教师的鼓励和期望，从而增加面对激烈就业竞争的勇气与信心。

3. 树立全面服务的教育理念

在开展大学生就业指导思想政治教育中，教师要树立全方位服务的理念，为学生提供各种形式的就业知识讲座和报告，提高就业指导课程的针对性和客观性，使思想政治教育渗透于就业指导的全过程，从而提高就业指导工作的效率和质量。

（三）大学生就业观念教育方法的改进

1. 促进大学生创新精神的培养

随着经济时代的到来，市场竞争越来越激烈，劳动者想要紧跟时代前进的步伐，就有必要不断更新自身的知识结构和技能水平。大学生只有具备良好的创新精神，才能逐渐养成强烈的事业心与进取心，才能更好地就业并为用人单位服务。因此，高校的思想政治教育在加强学生就业指导教育的时候，同时要注重培养学生养成创新精神，学生要积极学习和接受新的理念、新的知识，不断开阔自己的眼界，为自己寻求更多的就业渠道。学生只有具备了创新精神才能发挥自身的创新思维，提高自身的创新技能，这样，学生在参加工作时才能具备竞争优势。

2. 实现单一化向多样化的转变

思想政治教育不是一项独立的工作，它需要与教育学、伦理学、法学等其他学科相结合。这不仅体现了思想政治教育顺应现代科学总体发展趋势的要求，而且又是其面向世界、面向未来、促进自身不断发展的需要。所以，高校就业指导中思想政治教育应不断更新教育理念，改进工作方式，采取心理辅导、养成教育和危机干预等手段，让思想政治工作进宿舍、进社团、进网络，增强就业指导中思想政治教育的实效性和针对性。

3. 加强大学生职业道德教育

如今，社会上有实力的人才很多，但既有品德又有实力的人才却是用人单位急需的。大学生刚离开校园，没有工作经验，故用人单位在选聘时多看重学生的个人素质，也就是基本的职业道德、事业心、社会责任感以及吃苦耐劳、乐于奉献等各种个人品德。因此，对学生开展就业指导时，应该着重增加学生的集体主义思想和诚信教育，通过采取课堂讲解、课下实践、课余实习等多种手段，增强学生的职业道德素养，以满足当代社会用人单位对综合素质人才的需求。

（四）大学生就业指导模式的转变

一般来说，思想政治教育是教育者和被教育者之间思想品质相互交流、碰撞、融合的过程，也是有目的、有针对性的思想教育信息传递过程。思想政治教育不是一项独立的工作，它需要一些辅助的学科门类，比如教育学、法学、伦理学等，尤其是对大学生就业工作的指导，需要适时更新教育理念，改进工作方式，增强大学生思想政治教育以及就业指导的针对性，高效地解决大学生的就业困难。同时，随着高等教育体制的不断深化，大学校园不再是改革开放以前那样完全以读书育人为目标的"象牙塔"，大学生的价值观、人生观和世界观都会随着社会的改变而改变，因此，思想政治教育对大学生就业的指导工作也要与时俱进，变以前的与社会脱节的封闭式教育为社会需要的开放性教育，应该是思想政治教育对大学生就业指导工作的必然趋势。

以往很多高校的就业指导和思想政治教育是分开进行的，这种方式会需要大量的教师，为学校增加了人力压力，并且容易导致教育脱节的现象。新时期，为了促进高校就业指导工作的稳步健康发展，学校应该打造一支高素质的教育队伍，这个教育队伍里的教师必须具有丰富的思想政治教学经验，同时拥有丰富的就业指导经验，这些教师要不断加强和提高自己各项素质，系统掌握各学科、各专业的就业行情，针对学生的实际情况和就业问题，提出有效的解决办法和针对性的就业指导。

就业观念是大学生思想观念的重要组成部分，大学生就业观念教育是高校思想政治教育的重要一环，思想政治教育者要提高认识，在大学生就业指导工作推进过程中加强就业观念教育，准确把握大学生就业观念存在的问题，引导当代大学生树立正确的择业观和就业观，不断改进就业指导工作，为大学生顺利就业提供帮助。

第二节　高校思想政治教育的方法创新

思想政治教育的方法与思想政治教育的内容和思想政治教育的环境共同构成了思想政治教育体系中的三个核心要素。这三大要素的有机结合，再辅以其他要素的配合，才能产生理想的思想政治教育效果。在一定的社会环境和教育内容的条件下，思想政治教育的方法是否有效，就带有关键的性质。

随着国内社会主义改革的不断深入和全球化趋势的日益增强，人们的思想出现了许多新特点，这就为思想政治教育方法的发展提供了新的挑战和发展机遇。因此，研究思想政治教育方法，是目前加强和改进思想政治教育的一个突出问题，也是增进思想政治教育实效性的一个关键问题。

一、思想政治教育方法创新的原则

党的思想政治教育在长期的理论与实践的发展中，形成了最基本的、带有指导性的原则方法，有必要逐一地探讨思想政治教育的这些原则方法的新发展。

（一）体现科学性与方向性相结合的正面教育的原则

思想政治教育本身就是一门科学。这门学科的发展就要求把科学性与方向性结合起来。正面教育的原则就是体现科学性与方向性相结合的原则。

思想政治教育的科学性原则就是强调思想政治教育之中贯穿的真理性、规律性。它遵循思想政治教育自身具有的科学规律。坚持思想政治教育的科学性原则，要求掌握马克思主义基本理论，特别是辩证唯物主义和历史唯物主义的基本原理。在这方面，只有学习和掌握马克思主义科学理论，才能克服经验主义和教条主义，才能防止折中主义和庸俗的实用主义倾向。工人阶级不能自发地产生科学社会主义思想，也不可能自发地产生科学的世界观和方法论。只有掌握马克思主义这个人类历史上最先进的科学理论，才能真正做到思想政治教育的科学化。

坚持马克思主义指导的方向性原则是思想政治教育的灵魂。思想政治教育自身的特殊性决定了它必须坚持马克思主义指导，必须坚持社会主义方向，体现社会主义意识形态的主导，旗帜鲜明地批判和抵制各种错误思潮。思想政治教育领域是宣传马克思主义的阵地，绝不是杂乱思想的自由论坛。科学研究可以无禁区，但是思想政治教育却是影响众人的教育，是社会主义意识形态的体现，必须坚持正确的方向，不允许散布和传播各种反马克思主义的奇谈怪论或歪理邪说。思想政治教育工作者只有对马克思主义理论坚信不疑并投入热情，才能对教育对象产生强烈的感染力，使其感到诚实可信，心悦诚服。离开方向性原则，思想政治教育就完全失去了任何积极的意义。

在思想政治教育领域，干扰和扭曲方向性原则的主要倾向是资产阶级自由化和淡化政治的倾向。这些错误倾向实际上企图削弱或从根本上取消党的四项基本原则，企图完全改变思想政治教育的方向。我们与这些错误思潮的斗争贯穿整个社会主义现代化的过程这样才能保持正确的政治方向。

思想政治教育的科学性和方向性具有辩证的统一性。没有科学性，就谈不上正确的方向性；同样，没有正确的方向性，也就失去了任何科学性。我们要求的是思想政治教育的科学性与方向性的有机结合的原则。

为什么说思想政治教育坚持的以正面教育为主的原则，体现了科学性原则与方向性原则的结合？

第一，以正面教育为主，就是以正面引导和说服教育为主，强调在教育的过程中坚持马克思主义的理论的学习和运用，同时坚持根据思想政治教育自身的规律进行正面的引导，肯定优点与批评缺点、肯定正确与否定错误相结合，促使教育对象积极主动地克服消极因素，发扬积极因素。

第二，以正面教育为主的原则就是在内容方面突出社会主义主旋律的教育，即爱国主义、集体主义、社会主义的教育。因此，这种教育就体现了灌输马克思主义的基本理论。由于社会各阶级甚至最先进的工人阶级也不能自发地产生科学社会主义思想，而是靠从外部灌输进去。因此，一切思想政治教育过程都必须尊重受教育者的主观能动性，引导教育对象学习和运用马克思主义，提升世界观的水平。具备了科学的世界观和方法论，站得高，看得远，一般的问题就迎刃而解了。

第三，从思想政治教育的规律来说，在正面教育为主还体现了对绝大多数教育对象的信任和尊重，启发人们受教育的积极性，为思想政治教育增加动力。在我国社会主义制度下，绝大多数人身上都蕴藏着极大的社会主义建设的积极性和接受思想政治教育的主动性。只要引导得当，就能焕发出极大的热情，使思想政治教育工作取得成效。在思想政治教育工作中，充分肯定教育对象的优点和成绩，以正面鼓励为主，同时指出存在的问题，就能激发教育对象的自信心和高昂的情绪，有利于思想的转化和提升。这本身就遵循了实事求是的科学态度，充分调动了人的主观能动性，体现了思想政治教育自身的规律。

在思想政治教育的实践中，我们既要坚持科学性原则，又要坚持方向性原则，坚持正面教育为主，正是做到了科学性原则与方向性原则的结合。

（二）疏导的原则

疏导包括疏通与引导两个方面。可以说，疏通是解决问题的前提，是引导的必要准备和铺垫；引导是疏通的必然继续，是疏通的深化和教育的目的所在。如果不遵循疏通的原则，教育对象的错误思想就具有隐蔽性，问题没有暴露出来，正确与错误的界限不清，引导就会遇到障碍。如果没有引导，教育对象显示出来的思想和观点任其发展，错误的思想观点得不到纠正，就会泛滥开来，不好收拾；正确的思想观点得不到支持和鼓励，缺少外部的促进作用而不能带动更多的人向着正确的方面转化，这样就失去教育的意义。因此，在思想政治教育实践中，必须把疏通与引导两个方面结合起来。

疏通原则的反面是堵塞和压制。这种做法就是不让人讲话，压制批评，堵塞言路。这是封闭式思维的表现。出现这种做法的原因有这样几种情形：第一，可能是对现实中人们的思想问题做出了错误的估计，把性质估计得过重，把范围估计得太大。采取这种方法解决思想方面的问题，就会简单粗暴、随意上纲、滥用权力、以势压人、急躁慌乱。第二，面对复杂的思想问题和捉摸不定的形势，心中无底，畏首畏尾，胆小怕事，因而采取捂住盖子，掩盖问题，粉饰太平；一旦被客观现实所粉碎，真相大白，就会怨天尤人，推卸责任。这是最没出息的做法，被马克思主义者所不齿。

疏导的原则就是立足于积极推进思想政治工作的目的，有信心、有魄力、有责任感和无私精神的表现。在一定的时期，思想政治教育方面表现出来的涣散软弱的状况，绝不会是疏导原则的结果，而只能是没有很好地全面理解和贯彻疏导方针的结果。正确地理解和掌握疏导原则，是问题的关键。

二、思想政治教育方法论的结构与体系

（一）思想政治教育方法的层次结构

根据思想政治教育理论与实践的发展，人们对思想政治教育方法论结构的认识不断深

化。总结近年最新的研究成果，从总体上说，可以把思想政治教育方法划分为五个层面上的方法。

第一，哲学层面的方法。在思想政治教育领域的哲学方法，主要指最高层次的世界观及其方法论层面。这一层次的方法，就是唯物辩证法的方法和唯物历史观的方法。这是思想政治教育方法的总的、指导性的方法。

唯物辩证法和唯物历史观的世界观是人们观察人类社会现象和分析人们思想的唯一的科学方法。世界观与方法论既有联系又有区别。世界观决定方法论，并为方法论提供理论依据和基本原则，指导着认识世界和改造世界的方向、方法和途径。有什么样的世界观就有什么样的思想政治教育方法。但是，世界观也不能简单地等同于方法论。由世界观到方法论，要经过一个转化和具体化的过程。唯物辩证法和历史唯物主义的世界观，能够转化为一切从实际出发的科学的方法论等原则；与此相反，形而上学和历史唯心主义的世界观则会转化成主观主义的方法论原则。思想政治教育的哲学方法，即唯物辩证法和历史唯物主义的方法是最高层次的方法，包含在这一科学世界观之中的一切方法，都是思想政治教育方法的基础。

第二，思想政治教育层面的原则方法。这一层面的方法就是在思想政治教育的全过程中起指导作用的基本方法。这一原则方法规定了其他层面的方法的方向、准则和要求，在思想政治教育方法论的体系中起着导向和规范的作用。这是在哲学层面的方法的指导下最基本的方法。

这一层次的方法包括：坚持马克思主义的方向性的原则方法，理论联系实际的原则方法，层次性和针对性的原则方法，正面教育为主的原则方法，教育者与受教育者互动的原则方法，思想政治教育与业务教育相结合的原则方法，精神鼓励与物质鼓励相结合的原则方法，群众路线的原则方法等等。总之，这个层面的方法，在思想政治教育的方法论体系中，带有宏观纲领性的指导意义。

第三，与思想政治教育各个过程相关的具体方法。这一层次的方法是涉及思想政治教育各个过程的各主要环节的具体方法。它以哲学的方法为基础，又受到思想政治教育的哲学方法与原则方法的指导，在思想政治教育过程的各个主要环节上起作用。这一层次的方法主要包括：思想政治教育的认识方法、决策方法、实施方法、评估方法等。这一部分方法，在思想政治教育的实践中属于各个过程和阶段的具体方法。

第四，实施思想政治教育的具体操作方法。这一层次的方法是思想政治教育的原则方法和涉及教育过程各主要环节的方法在不同范围、不同条件下的具体应用。比如，思想政治教育的认识方法方面的具体应用，就演绎出了获取信息的调查研究法，采取科学举措的决策法，把握思想趋势的预测法，综合治理的系统分析法。再比如，思想政治教育的实施方法的具体应用，就演绎出了理论教育与社会实践教育相结合的方法、教育与自我教育相结合的方法、一般教育与重点教育相结合的方法、集中教育与渗透教育相结合的方法。这是思想政治教育方法中最为灵活多样的一部分方法。

第五，思想政治教育方法的运用艺术和技巧。这一层次的方法是思想政治教育的比较微观的方法，也可以说是运用方法的方式和风格。它具有高度的灵活性、具体性、生动性、创造性。它是直接影响思想政治教育效果的、最前沿的方法层次。如，在新时期，由于人们思想上普遍具有的不同程度的逆反心理，成功的思想政治教育家越来越注重暗示的方法，在潜移默化、不知不觉中使教育对象受到有效的教育。再比如，运用先进的多媒体手段辅助教育，创造优美、轻松的环境氛围，调动优秀的艺术作品魅力，设计虚幻的活动环境，让教育对象在崭新的教育手段的影响下，受到一般社会环境条件不能受到的教育。风趣、幽默、含蓄、启迪、激发、煽情等就是这样一些方法。这些方法往往能够构成教育者的人格魅力。优秀的思想政治教育家就是在这一层面的方法上显示出特有的风格和水平，显示强大的艺术感染力，取得思想政治教育的成效的。

以上这五个方面的方法，只是一个大致的划分。它们都有不同层面的特定的内涵和功能，互相之间具有不可替代的作用。各个层次之间又具有不可截然分割的关系。这里的排列，是按着从一般到个别，从高层到低层，从宏观到微观的顺序组合而成的层次结构。它们互相衔接制约，形成一个比较完整的体系。

（二）思想政治教育过程的具体方法及其体系结构

在思想政治教育方法论的体系中，这一层次的方法是涉及思想政治教育过程中各主要环节的具体方法。这就是上述思想政治教育方法论层次结构中的第三层次的方法。实际上，它是涉及思想政治教育各个主要环节的方法体系。

它包括以下几个主要的具体方法。

第一，认识方法。所谓思想政治教育的认识方法，就是指教育者在认识教育对象和教育社会环境的过程中所采用的思想方法。认识教育对象是进行教育活动的首要的前提条件。正确地认识和分析不同时期的教育对象的思想特点和相关因素，才能做到一切从实际出发，有针对性地选择方法，开展思想政治教育工作。认识教育的社会环境，实际上是找出影响教育对象思想生成的客观因素，只有把握这些客观因素，才能从根本上解决人们的思想政治领域的问题。然而，怎样科学地认识教育对象和教育的社会环境，却是一个关键问题。认识方法是思想政治教育方法论的逻辑起点。

认识方法体系中，主要包括三个方面的方法：一是通过观察、调查、预测的方式掌握教育的客体的思想情况的信息收集方法；二是对思想情况进行分析研究、掌握其实质的信息分析方法；三是根据思想实际做出教育方案的决策方法。

决策方法在许多思想政治教育教科书中单独列出，与认识方法、实施方法、调节评估方法并列为一类方法。在这里，我们把它视为认识方法中的一个环节的方法。因为认识的过程也就是决策的过程，决策方法的正确与否，也是一个认识是否科学的问题。所谓思想政治教育的决策方法，就是教育者在了解情况和掌握资料的基础上，对思想政治教育的目标、实现目标的方案、实施方案的时机进行判断和选择的方法体系，它必须在认识过程中进行。从过程的顺序来说，决策方法也是一种对未来前景和效果的一种认识方法。决策方法要求选择目标要符合实际，便于达到；选择实施方案要得当，选出最优化的方案；把握进行教育的时机和条件，实施及时而有力的教育。同时，在教育的过程中，经常出现极为复杂的情况，这时要求决策方法更果断和准确。

第二，实施方法。所谓思想政治教育的实施方法，就是教育者面对教育对象时，在教育过程中采取的改造教育的社会环境、改变教育客体思想状况的教育方法体系。这方面的方法也叫作思想政治教育的工作方法。思想政治教育的实施方法是思想政治教育的认识方法向实践方面的必然发展，也是直接影响和转变教育对象思想的工作前沿的方法。这方面的方法体系，是思想政治教育全过程的中心环节。

实施方法主要有：一是任何时候和条件下都要使用的基本方法。它主要包括理论教育的方法、实践的方法、批评与自我批评的方法。二是在一般情况下运用的通用方法。它主要包括比较教育方法、典型教育方法等。三是在特殊情况下运用的特殊方法。如在特殊情况下对心理障碍和心理疾病患者的心理疏导方法，冲突缓解方法。四是在复杂情况下运用的综合方法。

第三，调节评估方法。

所谓思想政治教育的评估方法，就是教育主体对一定阶段和过程的思想政治教育实践或方法的效果进行反馈调节、检测评估的方法体系。它主要包括反馈调节方法，检测评估方法和总结提高的方法。反馈调节对于及时掌握思想政治教育的动态、驾驭教育的过程、调整教育的方案、优化教育的结构、保证教育目标的实现具有重要的意义。检测评估就是对于思想政治教育的社会价值和实际效果做出科学判断，采取适当的改进措施。总结提高就是总结经验教训，不断提高思想政治教育水平的重要手段。这是教育者使自己的教育动机与教育效果统一起来的必要环节，也是教育者必要的责任心的体现。

第三章 高校思想政治教育的现代化转型

第一节 社会转型与思想政治教育现代转型

思想政治教育是社会的一部分，社会变化决定了思想政治教育的变化。随着传统社会向现代社会的转变，思想政治教育也会发生转变。社会转型在本质上是社会结构的转型，同样，社会结构转型促使思想政治教育结构转型。思想政治教育转型的核心是思想政治教育结构转型。

一、思想政治教育社会结构的改变

依据社会学社会转型理论，社会转型本质上是社会结构的转变。思想政治教育现代转型不仅仅是发展变化，而且是结构性的转变。改革开放以来思想政治教育得到很大发展，取得十分可喜的成果，同时这种转变远远跟不上社会对思想政治教育的需要，远远跟不上思想政治教育面临的巨大挑战。长期以来，思想政治教育远远不能适应社会的变化，难以从社会挑战中走出来，这与思想政治教育转型滞后有很大关系。思想政治教育必须自觉地推进这种转型，使之迅速跟上时代变化和社会转型，实现思想政治教育的主动。中国社会正在发生巨大的转变，本质上是社会现代化。

（一）时代变化

这里所说的时代，是指时代的主要特征。中国社会正在由传统向现代转变，同时出现后现代现象。中国的现实社会，是传统性、现代性和后现代性叠加存在的社会，但现代性处于主导地位。城市化、工业化以及科技、教育、知识、文化、理性、消费以及人的因素、环境、生态、知识社会、信息社会、消费社会、风险社会、全球化或世界社会等因素成为社会的基本因素。

（二）社会变化

社会变化的核心是社会结构的分化与转型。社会结构发生分化，大量社会要素本来具有内隐性特征，在社会上并没有占据位置，现在已经成为显性因素，这些社会因素不仅在社会系统中凸显出来，而且占据重要位置，发挥重要作用。这是造成社会多样化的基础原因。

（三）力量变化

这是"权力的转移"。由体力到机器、由资本到智力，知识在现代社会的地位越来越重要，越来越成为重要的力量。这是社会和人对文化提出了更高要求，是知识因素对社会、人的影响，进而人和社会对思想政治教育提出要求。这些构成思想政治教育的客观环境。从社会视角看，思想政治教育由传统到现代的转型，是由中国社会向现代转型所致。

二、思想政治教育现代转型的提出

改革开放以来，随着社会条件的变化，思想政治教育不断进行改革创新，努力适应社会环境、对象需要和自身工作的需要，得到创新、发展和加强。特别是在高校系统，采取一系列措施，从学科建设到队伍建设，从课程建设到师资培训，从制度建设到机构设置，大学生思想政治教育得到了明显加强和改进。但就社会环境而言，思想政治教育面临新的挑战，有些情况甚至比以往更加严峻，使工作变得更加困难。社会上存在否定思想政治教育的思潮，思想政治教育机构数量也在萎缩。高校有思想政治工作，因为高校的组织还是传统的，还组织政治学习。

高校及各行各业开展思想政治教育，实际效果受到很大的减损，这与缺乏必要的社会舆论与社会文化心理的支持有很大的关系。显然，思想政治教育需要相应的社会文化生态，只有社会子系统领域开展的思想政治教育，与社会大系统领域思想政治教育文化做到相互呼应，才可能实现思想政治教育取得良好效果。改革开放前思想政治教育之所以有较好的效果，其重要原因就在于单位思想政治教育活动与社会政治文化形成一体，内外相互增益。在开放的社会环境中开展思想政治教育，这种增益更加必要，而事实是这种增益在弱化。

事实上，我们全社会在做思想政治教育，做了大量的思想政治教育。考察全社会，存在两种思想政治教育：①以思想政治教育名义开展的思想政治教育，②不以思想政治教育名义开展的思想政治教育。我们经常说，思想政治教育学科、专业、专职人员是中国特有的，具有中国特色；但是，思想政治教育事实上又是世界各国都在做。国外有思想政治教育，但不用思想政治教育的概念，使用了其他诸如政治社会化、政治教育、公民教育、道德教育等概念。与此相应，我国正在形成一种态势。思想政治教育事实上在做，各种各样的思想政治教育也做得很多，但许多人回避使用思想政治教育概念。社会上正在形成不用思想政治教育名义来做思想政治教育的某种文化。

改革开放以来，为了适应社会主义现代化和社会主义市场经济发展，推进思想政治教育的加强和改进，思想政治教育领域提出了诸如转变论、创新论、发展论、改革论、加强论、改进论、现代化论、科学化论等，对思想政治教育现代化科学化进行了广泛探讨，发挥了积极作用。从现实和理论上进行了分析，提出了"从传统思想道德教育向现代思想道德教育转变"的任务。

三、思想政治教育结构转变

（一）思想政治教育现代转型

现代转型同样是思想政治教育结构的转变。思想政治教育结构本身是一个需要探讨的课题。一般而言，思想政治教育结构包括外部结构和内部结构两部分。思想政治教育是做人的工作，做人的思想的工作。这类工作不只是思想政治教育在做，其他社会活动，至少与人有关的社会活动都在做。有人的地方就有思想政治教育，人人都是思想政治教育对象，人人都是思想政治教育者，全社会共同来做思想政治教育，思想政治教育工作者分为专职人员和兼职人员等，这些观点都是这种情况的体现。这表明，思想政治教育并不是思想政治教育一家在做，除此之外，还有许多社会主体在做思想政治教育。众多社会主体做思想政治教育所形成的关系，我们称为思想政治教育的外部结构，形成了思想政治教育的外部格局。在计划经济体制条件下，思想政治教育由党委来做，而党委宣传部门又是思想政治教育的专门管理部门，全社会思想政治教育具有主体单一性和活动统一性的特征，构成思想政治教育单一格局。

改革开放以来，社会现代化造成社会多样化，这种多样化造成思想政治教育多样化。各种社会主体在社会中的活动，名义上并不称为思想政治教育，实际上具有思想政治教育功能，有些实际上就是思想政治教育。新出现的社会组织和活动（精神文明办公室及其精神文明创建活动、志愿者组织及其志愿活动、民间社会组织及其公益活动等）、政府的思想文化功能也在新社会条件下突出出来，它们与原有组织及其活动（党委系统、工会、共青团、妇联等）共同构成新社会条件下思想政治教育新格局。显然，全社会的思想政治教育格局已经突破了过去由宣传部门专门管理的局面，形成了多样化格局。

（二）思想政治教育内在转变

思想政治教育是一个系统，是由多种因素共同构成的整体。思想政治教育系统在社会现代化过程中发生变化，包括要素发育、要素之间关系的调整、整体形态的变化。例如，思想政治教育工作者要素方面，思想政治教育专职人员群体主要是思想政治教育实际工作者，过去只有专职政工人员，现在已经由专职政工人员、教师、研究工作者三类人员所组成。又如，思想政治教育科学化获得长足发展，设立了思想政治教育学科，建立了思想政治教育人才培养体系，形成了思想政治教育专家，发表出版了一批思想政治教育学术论著。思想政治教育要素之间的关系也在调整。首先是分化，整体性结构（要素）分化为功能分工明显的结构（要素），如对象、内容、机构；不同领域、不同层次、不同对象、不同内容的思想政治教育有了区分，不同层次、范围、对象、目的、任务以及不同的地域、机构、社会组织的思想政治教育有了明显的区别。其次是调整关系，思想政治教育要素在思想政治教育系统中的地位和作用发生了变化。从思想政治教育整体形态来看，思想政治教育知识已经由经验形态向科学形态转变，思想政治教育的学术性、科学性、现代性初步呈现，思想政治教育科学性更加彰显，思想政治教育正在由传统形态向现代形态转变。

上述情况表明，思想政治教育必然要发生转变，而这种转变不是简单的变化和发展，而是转型。思想政治教育现代转型，一方面，从思想政治教育与社会的关系来看，思想政治教育是社会的一部分，思想政治教育系统是社会系统的一个子系统，社会结构改变，思想政治教育必然会发生改变；反之，思想政治教育不改变，就会受到来自社会其他方面的压力，甚至被社会所淘汰。另一方面，思想政治教育自身也是一个系统，是结构性的组成。思想政治教育在社会转型影响下改变，必然促使思想政治教育结构的改变，而且也必须是思想政治教育结构的改变，若没有达到结构的改变，思想政治教育仍然不能适应社会，思想政治教育所受到的挑战或压力就得不到解除。思想政治教育应主动认识和推进现代转型，用现代思想政治教育发挥思想政治教育的作用，为社会提供智力支持、精神动力、思想保证和文化条件。

思想政治教育现代转型随着社会现代化而产生，社会现代化属于社会变迁。社会变迁有两种类型：一种是发展性变迁，另一种是转型性变迁。在发展性变迁情况下，社会变化基本上是由社会变革所带来的显著、巨大的经济增长与发展所引发和促成的，是伴随着人们物质生活的不断充裕与富足而得以实现的，表现在生产要素的更新和生活方式的转变方面，诸如技术的更新与传播、贸易与市场的扩展、人口的自主流动以及社会的不断开放，它更多的是一种自在自为的社会过程。在转型性变迁情况下，社会变迁的根本成因在于社会结构和制度的转变与更新，在于各种社会关系和社会规则的转变与整合，表现在社会资源的占有与分配、身份地位和权力声望的社会构成的变化，尤其体现为价值意识，即人的意识参与社会转变的社会过程。转型社会的变迁不仅要改造社会原有的社会组织格局，更是重新构建起新的社会组织格局，从而实现从旧秩序社会通过转型走向新秩序社会的变迁。这种社会变迁将是深刻的具有根本性的变革，它所带来的影响也是广泛和深刻的。思想政治教育现代转型属于转型性变迁，会带来非常深刻的变化。对此，我们应有预见和准备。

第二节 高校思想政治教育现代化转型的机遇与挑战

思想政治教育现代化的实现是一个非常复杂的系统工程，需要思想政治教育不断进行自我建设和自我发展。它必须在马克思主义理论和马克思主义中国化以及科学发展观和社会主义精神文明建设的伟大成果指导下，遵循客观规律，发挥意识的能动作用。这些指导理论，其前进的方向与思想政治教育现代化实现的方向在根本上是一致的，都是为了提高受教育者的综合素质而提出的理念，思想政治教育现代化要紧密联系社会主义精神文明建设，才不会迷失方向，走弯路，走错路。自改革开放以来，社会主义建设在经济、政治、文明、精神等方面不断取得巨大的成就，这些都为思想政治教育现代化的实现提供了现实条件。同时，许多的问题也接踵而至，其中最为明显的就是信息源的多极化、载体的网络化，这使得信息化时代下腐朽文化和落后文化有了可乘之机，加大了对我国思想政治阵地的冲击，对思想政治教育教育者提出了严峻的考验。

一、大学生思想政治教育现代化转型的机遇

思想政治教育具有全局性、时代性、开放性和交互性的特点，它必然随着经济全球化的发展同国际国内经济、政治、文化的发展紧密相连。全球化对我国高校思想政治教育提供了前所未有的机遇。

（一）全球化为思想政治教育营造了优越的环境

1. 优越的物质环境

全球化推动了新技术的快速发展，为各国之间的沟通交往建立了很好的平台。随着国

家经济的快速发展和综合国力的提高，党和政府用于思想政治教育的资金逐年增加，教育设施得到很大改善，提高了教育者的工作效率。全球化的开放性，为思想政治教育者提供了先进的教育手段，理论资源得到了有效补充，开拓了思想政治教育的视野和思维，使中国思想政治教育者的效果更加显著。

2. 优越的政治环境

在全球化的趋势下，国际社会越来越成为一个不可分割的整体。各个国家都充分意识到自己的快速发展离不开其他国家的帮助，经济之间相互依存，共同发展，再次彰显了和平与发展的时代主题。中国的快速崛起，很快占据了世界一席之地，为思想政治教育提供了很好的国际环境，增强了说服力。法制建设的完善和政治制度的全面发展，也为思想政治教育的发展提供了优越的政治背景。

3. 优越的教育环境

全球化给思想政治教育的发展带来了丰富的资源和优越的环境，有利于思想政治教育的快速发展。资源的丰富充实了思想政治教育的内容，方法的多样弥补了教育措施的短板。面对新形势下的新问题，教育者要重新定位自己，在教育内容和方法上大力革新，采取多变的方法以不变应万变。同时要求教育者要以一种开放、平等的对话精神和学生进行沟通交流。

（二）全球化促进大学生思想政治观念不断更新

在经济全球化背景下，大学生处于一个空前开放的世界里，其视野得到进一步拓宽，封闭狭隘的旧观念逐渐被打破。他们思想更加活跃、自由和开放。他们比任何时候都关心国际国内形势的发展。国际竞争、全球问题、自主择业等唤醒了他们的全球意识、竞争意识、自我意识和进取意识。因此，他们的政治主体意识、平等权意识和人权意识进一步提高，对民主政治的渴求日益增加。这些变化无疑将推动高校思想政治教育工作朝着良性的方向发展。

（三）全球化为高校思想政治教育创新提供了条件

全球化是以科技全球化趋势为先导的，并且进一步促进了科学技术在全球范围内的发展。科学技术特别是信息网络技术，为全球化的迅速发展提供了必要的媒介和手段，也为思想政治教育工作提供了新的媒介和手段，思想政治教育工作的科技含量将越来越大。首先，信息技术特别是网络技术的发展，为思想政治工作的方式、方法的创新提供了现代化的手段，拓展了思想政治工作的空间和渠道。其次，全球化的发展为高校思想政治工作法律化、制度化奠定了基础。再次，全球化的发展促进了人们的参与意识，在这种意识的影响下，高校思想政治工作主体的自我参与意识也不断加强，传统思想政治工作中强制灌输和被动接受的教育方式正在弱化。最后，全球化带来的开放环境，使各国文化交流空前频繁。这些都为思想政治教育打破封闭状态、探索新的方式方法提供了条件。

二、大学生思想政治教育现代化转型的挑战

全球化是一柄"双刃剑"，就我国高校大学生的思想政治教育而言，全球化和科学技术的迅猛发展，不仅折射出高校大学生思想政治教育存在许多问题和弊端，同时也给大学生思想政治教育带来了前所未有的难题和挑战。

（一）全球化对高校思想政治教育环境的影响

1. 社会环境复杂化

从国际环境的变化来看，经济全球化以不可阻挡之势席卷世界的每个角落，中国也在其影响范围之内，它在带给中国经济巨大发展的同时，也带来了世界各国各式各样的思潮，给中国主流的意识形态和价值观念带来了严重的冲击，同时给思想政治教育的实施增添了难度。

从国内环境的变化来看，随着改革开放的不断深入，在社会生产力大幅提高、人民的生活水平得到很好改善的同时，市场经济下催生的利己主义、政治观念淡化、理想信念动摇、对建设中国特色社会主义缺乏信心等因素给思想政治教育制造了新的困境。

2. 学校环境复杂化

中国在应对全球化趋势过程中，经历着四个挑战，多元开放的挑战、多元经济的挑战、多元结构的挑战以及多元文化的挑战。这些挑战在中国加速发展的道路上起到帮助的同时，也给社会带来了弊病，致使学校教育环境复杂多样化，严重影响了思想政治教育的成效。

（二）全球化对高校大学生的影响

1. 爱国主义情感淡化

经济全球化像洪水一样冲决了一切民族、国家和地区的樊篱，使国家疆界变得模糊，民族意识弱化，人们的理性逐渐被淡化。同时在经济全球化程度不断深化的过程中，特别

是网络信息和通信技术的发展，西方的各种价值观念无法避免地被传播，而其中的重视商业、追求感官享乐、个人主义等价值观的涌现，将会淡化一些青年学生的理性关怀和集体观念，从而弱化他们的民族意识和国家意识。在这种情况下，一些传统的爱国主义情感逐渐消逝，国家利益观念逐渐模糊，爱国情感逐渐淡化，对中华民族悠久历史和灿烂文化的情感冷漠，其民族自尊心和自豪感也会逐渐消退，这对大学生思想政治教育提出了严峻挑战。

2. 信念教育被冲击

在全球化的今天，我国融入国际经济大潮中所带来的经济结构、利益分配、组织形式和就业方式等的重大调整以及各种非马克思主义学说和思潮的影响，使高校大学生的理想信念教育受到冲击。理想是精神的支柱，信念是奋斗的动力。一些大学生对社会主义信念和共产主义理想产生动摇，表现出对共产主义理想的极大茫然和悲观，而对西方社会的意识形态和社会制度却顶礼膜拜，甚至丧失社会主义和共产主义的真理信仰，相信愚昧落后的邪教，到封建迷信中寻找精神寄托等。

3. 思想道德被侵蚀

经济全球化带来了大学生思想的进一步开放。但是，由于大学生缺乏社会经验，其批判鉴别力不强，面对西方国家经济成功、大众文化和消费主义等扩张的强力诱惑，他们往往迷失其中，盲目效仿，削弱了爱国意识，淡忘了脚踏实地、勤劳简朴等传统美德。随着个人主体意识的觉醒，在处理个人与社会关系上，一些人更加看重现实的个人利益与发展，而忽视了国家利益和民族需要，从而失去了对群体、国家和社会的责任感，极易诱发极端个人主义，面对形形色色的世界，许多大学生陷入困惑与迷茫，社会道德失控现象日益严重，大学生的道德滑坡并由此走向犯罪已成为突出的社会问题。

第三节　高校思想政治教育现代化转型的发展方略

经济全球化是当今世界经济发展的历史必然趋势，面对这一趋势，我们只有积极应对，参与到经济全球化的历史进程中才能应对其所带来的各种挑战。高校思想政治教育工作应当积极倡导面向未来、面向世界、面向现代化，革新完善教育指导方针，不断更新教育教学内容，创新教育教学的方式方法，保持自身的生机与活力。

一、大学生思想政治教育现代化转型的理念创新

理念的现代化是思想政治教育现代化实现的前提，理念决定实践的方向和性质。因此，思想政治教育现代化的首要任务就是对思想政治教育理念进行全面反思，去除那些在思想政治教育理念中存在的过时和保守的思想，从僵化的观念束缚中解放出来，建立多维度的、开放的和创新的思想政治教育理念。

（一）树立开放性教育理念

全球化加速了各国文化之间的碰撞，世界上每一天都有不同的文化被其他的文化所影响、所同化。在中国，有很大一部分人，特别是辨别是非能力较差的青少年群体，很容易受到西方资产阶级腐朽思想的毒害，西方国家通过电视、网络等多种手段，悄悄地实行自己的价值理念渗透计划，意图成为文化霸主。同时，网络的发展也使各种良莠不齐的信息充斥其间，给国民带来了很多负面影响。而社会主义市场经济的发展，也使得思想政治教育工作日益暴露于一个开放的环境之中，开放的社会环境固然有着广阔的发展前景，但也需要我们好好利用，不然必将给思想政治教育现代化的实现带来诸多障碍。

1. 创新教育形式

树立开放性理念，要求我们一方面要对传统的文化进行批判继承，保留其中优秀的部分，去除其中不符合时代的落后内容，其中最重要的就是保留思想政治教育课堂。另一方面，应当创新性地通过一系列的德育实践活动来增强受教育者的思想道德水平，活化思想政治教育课堂的教育形式，同时，要有目的性地寻找受教育者存在的问题，针对在思想政治教育课堂上新出现的问题和情况，尝试运用创新的理念和方法去解决，以开放性的理念看待问题、解决问题。

2. 坚持理念统一

思想政治教育受教育者的思想态势由于社会不断增强的开放性在发生着相应的变化，思想政治教育工作者应当摒弃自己的陈旧观念，学习新内容，掌握新方法。同时，要在树立自身开放性理念的同时，坚持主流文化主导性和鼓励受教育者多样化发展相统一的理念，不应当也不能限制受教育者的个性化发展，如果只允许存在主导性，否认多样化，就会使受教育者由于个性使然而产生强烈的抵触情绪，或者造成受教育者发展方向单一化的后果；同样，如果只注重多样化而否认统一性，那么思想政治教育就容易走上歪路，导致受教育者最终遭受挫折，削弱思想政治教育的实效。

（二）树立以人为本的教育理念

思想政治教育是关于人的社会实践活动，既然是实践，那就一定要讲究科学的方法，以人为本的教育理念是时代发展的产物，它主张将受教育者放在第一位，以受教育者作为教育教学的出发点，顺应受教育者的天赋，提升受教育者的潜能，完整而全面地促进受教育者的全面发展，尊重、理解、关心和信任的教育是必不可少的。

1. 确立主导地位

一直以来，理想信念教育都是党的思想政治工作的核心内容。一个人的理想信念教育，对他来说是非常重要的，我们提倡的坚持以人为本的理念，并不会弱化思想政治教育，而是应当更加强化，要更加强化受教育者进行理想信念教育，要努力坚定理想信念和人生观、世界观、价值观教育的统领地位，培养受教育者的高尚品德。

2. 思想问题与实际问题有机结合

思想政治教育应当把解决思想问题与实际问题有机结合起来，才能体现思想政治教育的人本性。为何受教育者总是有思想问题产生，究其原因，是他的某些问题没有得到真正的解决。思想政治教育者要为受教育者解决实际问题，以此来增强思想政治教育的说服力和感染力，激发受教育者接受思想政治教育的自觉性和主动性。既要有管理意识，更要有服务意识。应该从提高管理水平和工作效率的角度来看，也应当站在为人民全心全意服务的立场上进行工作，让他们的心更加稳，让他们的心更暖，让他们的心更有归属感，多办好事和实事，要多去倾听受教育者的呼声，了解受教育者的情绪，关心受教育者的困难，要说真话，做实事，用真理的力量和人格魅力，晓以情理。同时，要加强对受教育者进行择业就业指导，增强学生的就业竞争力，要关心心理异常的受教育者，减缓他们的心理压力。

3. 积极进行自我教育

培养受教育者动手能力和自我服务的能力，构建和谐管理环境。建立有效的服务体系，改变受教育者被动接受教育和管理的状况，引导他们进行自我教育、管理和服务，为他们创造有利的成长环境，只有这样，受教育者才有他们的个性发展被着想、他们的自我实现被考虑的切身感受，从而产生强烈的归属感，并希望通过施展才干来实现自我价值，强化对自己认识和行为的责任感。在这种情况下，受教育者更易将规章制度内化成自觉行为，这对于促进受教育者人格的完善，全面提高受教育者的素质，无疑具有非常重要的作用。

（三）树立动态发展的理念

实现思想政治教育现代化是一个动态的发展过程，要求思想政治教育工作者用发展的观点去主动发现问题和研究问题，最终解决问题。传统思想政治教育无法取得较好的实效性是自身的封闭性和静态性所导致的，其没有明晰事物是变化发展着的这一哲学基本原理，实现思想政治教育理念的现代化，要求思想政治教育工作者要熟读马克思主义基本理论，特别是其中对发展理论的阐述，同时，还要深刻认识科学发展观这一重要理论，这两个方面是其进行思想政治教育工作所必须拥有的理念。故步自封是无法取得任何发展的，传统的思想政治教育针对性、吸引力不强，往往是大笼统，没有针对性与个性化，只有以发展理念作为自己行动的指针，才能更好地做好思想政治教育工作，增强其实效性。

二、现代化思想政治教育转型的内容创新

（一）坚持正确的教育观

大学时期正是大学生价值观形成的重要时期。高校思想政治教育必须面对新情况、新问题，正确把握全球化对大学生思想的影响，并采取相应对策来教育和引导大学生形成健康向上的世界观、人生观、价值观。在积极参与全球化的进程中，高校思想政治教育应旗帜鲜明地廓清文化全球化的危害性，对西方各种思潮、价值观念的涌入和渗透保持高度的警惕，要根据国际政治、经济、文化发展最新特点和学生思想动态的实际，加强马克思主义基本理论教育，培养学生正确认识西方的自由、平等、人权、法治等思想，正确区分资产阶级价值观和无产阶级价值观。进行弘扬科学精神的教育，树立科学理念，杜绝迷信活动和迷信思想的传播；加强社会主义核心价值观教育，对学生进行奉献精神教育，培养学生的集体观念和全局观念；坚持理想信念教育，把树立坚定正确的政治方向作为思想政治教育的核心；贯彻以人为本的教育思想，根据大学生的身心规律和特点塑造学生的思想品格与卓越人格，最终使大学生形成正确的世界观、人生观和价值观，使大学生保持自身思想和道德的正确性和先进性。

（二）培育民族精神

时代背景的变化使我们感受到大学生的民族精神培养和爱国主义精神教育与以前有了很大的不同，新的时代背景下对大学生的民族精神培养和爱国主义教育提出了新的要求。民族精神是一个民族在长期的生产和生活实践中形成与发展的为大多数成员所具有的内在

品质、心理特征、精神风貌、价值取向和人生追求。青少年是弘扬与培育民族精神的重点人群，因为他们是祖国的未来，对于青年中受教育程度较高的大学生，更是弘扬与培育民族精神的重中之重。为了加强对大学生的思想政治教育，抵制西方国家的"西化""分化"政治阴谋的影响，坚持引导大学生弘扬与培育民族精神，对大学生进行爱国主义教育、理想信念教育、艰苦奋斗教育、健全人格教育，增强大学生的民族自信心、民族自豪感和民族凝聚力，进而确立科学的人生观、世界观、价值观具有极为重要的现实意义。

（三）强化集体主义教育

有人认为，全球化是以市场经济为基本特征的，而市场经济强调的是市场主体的各自利益，为人民服务和集体主义的精神已经失去意义。还有的人认为，为人民服务和集体主义是对党员和领导干部的要求，在市场经济时代，向广大公民提这样的要求，太脱离实际。这说明，部分学生对为人民服务和集体主义的认识是模糊的。

为人民服务是无产阶级的价值观，是社会主义道德建设的核心。人是社会的人，每个人必须在社会中才能存在和发展。因此，集体主义不但与社会主义市场经济相契合，而且是社会主义市场经济的客观要求。为人民服务和集体主义是社会主义经济基础和发展社会主义市场经济的必然要求，当代大学生只有树立为人民服务和集体主义思想，才能在经济全球化的迅猛发展过程中，才能在社会主义市场经济条件下，自觉抵制极端个人主义、享乐主义等腐朽思想，把个人理想、抱负与国家、集体利益统一起来，在为国家和人民的奉献中，充分实现自我价值。

三、高校思想政治教育现代化转型的方法创新

面对错综复杂的新形势新问题，我国高校的思想政治教育如果简单地沿用以往的老方法、老套路，就难以收到良好的效果。因此不断转变和创新思想政治教育工作的方式和方法，努力增强思想政治教育工作的针对性和实效性，才能使其紧跟时代的步伐，真正发挥教育人、引导人的作用。

（一）促进自我教育

自我教育是思想政治教育的一种方法。所谓大学生自我教育是指在大学生思想政治教育要求的影响和启发下，思想政治工作对象发挥自主因素进行自我认知、自我调控和自我发展的思想和行为的教育活动。自我教育理念下的大学生思想政治教育实践，是一种创新实践，是教育理念的全新变革，是以学生为中心、以个体发展和完善为目的的教育。探索

一条以自我教育为核心的思想政治教育模式，是一种方法上的突破。引导学生进行自我教育，就是在政治、思想品德方面，帮助学生学会正确地认识自己和评价自己，培养学生自我协调、自我控制的能力，进而把自己放在一定的社会关系中，在与社会的相互交往中，实事求是地评价自己，坚持好的，修正错误的，使自身修养得到不断升华。

（二）多种方法相结合

1. 心理咨询法

主要是指在思想政治教育过程中运用心理学的知识和方法，通过形象生动的表述，借助科技成果的帮助，对受教育者的心理产生影响，从而在认知和情感上发生变化，消除心理障碍。心理咨询的结果就是帮助咨询对象重新认识自我、接纳自我、实现自我的发展，心理咨询中运用的激励原则，在思想政治教育中发挥着重要的作用。改革开放后，随着经济、文化的交流以及外来思潮的涌入，一些大学生产生了不良的反应。由于学生自控能力低、思想意识形态尚未成熟，因此，在外来文化面前，一些人很容易被错误的思潮左右，他们有的厌恶学习、行为过激，甚至憎恶社会，对社会的安全构成威胁，这些都是病态的反应。这时，采用心理咨询法，让他们辩证地去看待问题，告诫他们不能因为一时的失利产生错误的想法，从而有效地对学生加以引导，使他们回归到正确的轨道当中来，努力在社会主义建设中实现自我。

2. 冲突缓解法

主要是指针对受教育者由外而内的矛盾和冲突，通过建立健全化解机制和宣泄渠道，使教育对象产生正确的思想认识和平衡的心理态度。冲突缓解法具体可以分为缓解和处理两种方式，其中缓解又一分为二，分别为事态缓解与矛盾缓解。事态缓解是指在任何冲突发生之前，都会有事前预兆提示，我们要在有征兆苗头出现的时候，就将其解决，以免事态扩大、不可控制。矛盾缓解是指在冲突发生过程中，采取疏导、分流、调整、疏通、宣泄、转移等方式来疏导对立情绪，改善紧张局面。事态处理是指在矛盾情况发生后要果断采取措施，它要求严格的时间性，即在短时间内将问题处理和解决，这种情况往往针对那些有严重后果、不容耽搁的紧急状态。采用的方式多为切断源泉、紧急求助等方式。

冲突缓解法和心理咨询法是依据不同的困境产生方式形成的有效解决方法。只有将两种方法进行有效的结合，才能更好地改善受教育者的心理状况，使其能够正确地对待困境、走出困境。

"00后"、"05后"大学生，是复杂的、不易琢磨的一类群体，自主、自立、不易改变、坚持自我、钻牛角尖等现象都是现代大学生所特有的，当前大学生刑事案件时有发生，不得不引起我们足够的重视，这就给思想政治工作者带来了严峻的挑战，督促他们采取合理有效的手段，对出现的问题及时加以控制。

3. 实践锻炼法

主要是指教育者积极引导受教育者参与社会实践活动，受教育者在改造客观世界的过程中提升自己的主观意识，不断提高自己的思想觉悟和认识能力，培养正确的世界观和价值观。实践锻炼法包括社会服务、技能参加、社会考察等活动。社会服务是运用自己的智力、体力和技能，为人们提供帮助、解决困难。社会服务活动的过程，使服务主体能够更加充分地感受到社会的正能量，能够更好地帮助服务主体朝着正确的方向行进，这项活动在今后解决问题、处理矛盾、调整社会关系等方面都有一定的促进作用。技能参加就是将人的体力与智力运用到与自己专业对口的活动中并加以锻炼。在技能比赛过程中，能够使人得到综合能力的提升，领悟到团队合作的向上精神，既能解决能力范围内遇到的困难，又能有效帮助他人摆脱困境。社会考察是人们认识社会、探索社会的重要途径。在社会考察当中，我们可以接收到多种多样的锻炼，可以得到各种各样的学习，这是一条最丰富的学习途径，能让人的能力得到全面的提升，思想得到更大的进步，从而在处理多变的问题时，能够正确灵活应对。

4. 自我教育法

主要是指受教育者通过自我学习、自我锻炼、自我反思的方式，主动接受正确的引导，形成良好的价值观和世界观。在思想政治教育过程中，学校教育是一种外在的培养形式，最终还是实现自我教育的目标，内化成学生自己的个体品质，才能在某种意义上实现思想政治教育的真正作用。自我教育主要包括自主学习、深刻反思、严格自律等，要更好地实现自我教育，集体活动是一个很好的教育载体，通过集体活动，在集体中接受反思，接受教育，能够时常全面认识自己。通过自我教育这种方法，受教育者可以自觉地摒弃不良思想；自觉遏制不良行为的发生，能从根本上解决问题。

5. 显性方法

主要是指具体施用在受教育者方面的方法。教育者为了受教育者的改变，采取直接面向受教育者的引导方式，通过最普通、最直接的言传身教和学生之间进行平等的互动，达到思想政治教育的目的，学生实现向好的方面改变；或者是和学生参加某种活动，参与过程中一起探讨活动的目的和意义，让学生受益匪浅，使他们在社会活动中，敢于担当责任，敢于面对问题，敢于合理解决问题，实现自己的人生价值。

6. 隐性方法

主要是相对显性方法的一种隐蔽的教育方式，它的教育活动形式不直接面对受教育者，而是教育者将有目的的教育内容运用到喜闻乐见的教育载体上，使受教育者间接地接受教育的过程。教育者在实施教育过程中，可以带领学生多看一些有教育意义的纪录片，让学生在观看的过程中，汲取影片中的教育成分，潜移默化地引导学生正确认识问题和处理问题。此外，教育者在批评某些学生的时候，尤其那些深受错误思想影响的学生，要采用正确合理的有效方法，可以把受教育的学生与拥有正确观念的学生放在一起，通过对两者思想观念的讨论评价，达到教育的目的。

长期以来，大学生深受国外错误观念的影响，导致在现实生活中表现出道德冷漠、逃避责任和诚信缺失等问题，在学习态度上，表现出对高校思想政治理论课的厌恶和反感，使高校思想政治教育的效率大大减弱。为了解决这一问题，思想教育者付出了多倍的努力，他们既不否认单个教育方法具有的特色和功能，也不完全认同独立方法的教育效果，而是将二者有机结合起来，使其互相补充、互相促进、互相影响，从而更好地开辟德育渠道，实现德育应有的积极作用，探索出具有中国特色的思想政治工作方法。显性教育与隐性教育作为高校思想政治教育的两个主要途径，他们的有效结合，更能发挥思想政治教育的效果，越来越得到人们普遍认同。

（三）打造特色校园文化，开展教育工作

大学生是我国思想政治教育受教育者的重要主体之一，构建特色的校园文化，优化思想政治教育环境，对提升思想政治教育实效，促进思想政治教育现代化有着重要作用。中共中央、国务院发布的《关于进一步加强和改进大学生思想政治教育的意见》中提出的"育人为本，德育为先"的新理念，使我们对德育工作极端重要性的认识进入了新境界。教育工作者一定要站在新时代的高度，把思想和行动统一到中央精神上来，进一步增强做好德育工作的重大使命感、责任感和紧迫感，激扬豪情，凝聚力量，抢抓机遇，乘势而上，切实推动大学生思想政治教育再上新台阶。

全面贯彻落实新时代中国特色社会主义思想，积极推进和谐校园建设，坚持以人为本、德育为先和贴近实际、贴近生活、贴近学生的原则，充分发挥党政团干部、思想政治理论课教师、辅导员队伍的作用和党、团组织、学生会、班级、社团等组织优势，通过组织开展丰富多彩的主题教育活动，不断提高思想政治教育的针对性、实效性和吸引力、感染力，努力培养德智体美全面发展的建设者和接班人：通过思想政治理论课，举办知识讲座、培训会、交流会、研讨会、形式政策报告会，开展社会实践和文体活动，张贴宣传画或宣传材料、开展心理健康咨询等多种形式，突出主题，让学生在学习、生活等方面时时处处受到教育，努力打造良好的校园文化：

1. 加强建设

规范和活跃团总支、团支部工作，修订和完善团的工作考核制度，发挥团员的先锋模范作用和支部的战斗堡垒作用，用"党校""团校"的阵地作用，做好学生入党积极分子的培养教育和优秀团员推优入党工作。

2. 加强宣传

充分发挥校园广播站、报栏、黑板报、校园网络、学生记者站、学生报等宣传工具的作用，营造良好的校园文化氛围。加大对外宣传力度，及时向省、市高教工委、团市委、市委宣传部报送信息。加强与新闻媒体联系，积极向电视、报纸投稿，大力宣传学校，不断提高学校知名度，扩大对外影响，促进学校发展。

3. 加强学习

通过组织学术专题讲座、学习报告会、优秀学风奖、奖学金评选、组织师生座谈会等活动，激发学生学习热情，克服厌学情绪，增强学习的自觉性。

4. 完善社团

不断研究探索社团发展的规律，鼓励、支持、引导成立更多内容丰富、形式多样的学生社团，进一步规范社团管理，健全各项社团管理规章制度，增强对各类学生社团的宏观管理和引导，发挥学生社团在校园文化建设中的主力军作用。

5. 加强心理教育

进一步完善心理健康教育各项制度和工作场所，成立学院"心理健康教育委员会"，在班级设立心理委员，开展"心理健康教育月"活动，对学生的心理健康状况深入了解和测量，高度关注和帮助那些家庭经济困难的学生、有心理疾病的学生及其他有困难的学生，建立基本档案，关注他们的生活、学习、心理、就业。

6. 加强安全教育

开展安全教育月活动，通过学习《安全知识手册》、举办安全知识讲座、安全知识竞赛、安全大检查、紧急情况逃生演练等活动，让学生掌握必要的安全常识，不断提高安全意识和自我救助能力。

四、高校思想政治教育转型机制创新

（一）决策、管理机制创新

在思想政治教育过程中，思想政治教育工作者的工作决策和对受教育者的管理对整个教育活动有着非常大的影响，决策的合理与否、管理的科学与否，都对思想政治教育的实效有很大程度的决定作用，因此，必须要实现思想政治教育决策和管理的现代化。

其一，要建立决策和管理的控制机制，在思想政治教育过程中，要对思想政治教育过程中的稳定因素加以保持，对其中的不稳定因素进行分析研究，并使其能够稳定发挥作用。任何决策和管理都应该做到让思想政治教育整个实践活动变得更具有稳定实效性，控制好其中的每个部分功能。

其二，要建立决策和管理的激励机制。思想政治教育工作者应当将激励融入思想政治教育的决策和管理机制中去，并且努力践行，提高受教育者的主动性和积极性。

其三，要建立决策和管理的系统性，在对思想政治教育实践活动做出相关的决策和管理之前，应当考虑到整个实践活动的整体性，发挥其整体功能大于部分相加之和的功能，使思想政治教育活动取得最大限度的实效。

（二）运行机制创新

思想政治教育的运行与结构机制决定了其教育活动的运行能否顺利、效果是否良好，一个合理而科学的运行体系能够更好地发挥思想政治教育机制的系统功能。

1. 要优化运行主体

要加强思想政治教育工作者的理论功底，提高他们的思想道德水平，进而全面提高其综合素质。一个好的教育者是思想政治教育实践活动取得一半的成功因素，发挥思想政治教育工作者的先锋模范作用，有利于更好地激励受教育者的积极性和主动性，促使他们配合工作。

2. 要优化运行方式

思想政治教育工作者要坚持从实际出发，实事求是，在尊重客观规律的基础上发挥主观能动性，站在受教育者的立场为他们着想。同时，要打感情牌，增强与受教育者的联系，打造亦师亦友的关系，提升受教育者的归属感和认同感。

3. 要优化运行目标

从结果入手，将思想政治教育实践活动中其他无关的因素和虚幻目标予以剔除，明确目标的指向性，再从过程出发，充分考虑思想政治教育实践活动中的各项影响因素，抓住主要矛盾和矛盾的主要方面，确保教育活动的顺利开展。

4. 要建立起预警和应急处理机制

思想政治教育各个工作部门都应该成为受教育者思想动态和生活状态的动态监控点，及时搜集并记录受教育者的信息，供思想政治教育评价部门做参考。应建立一支由分管领导牵头、其他部门为支撑、思想政治教育者为基础的信息预警体系，随时反映受教育者中的热点问题，及时发现影响安全和稳定的因素，与此同时，建立一支各部门共同参与、骨干积极配合的网络监控队伍，对受教育者的网络言论和动态进行实时监控和引导。

（三）成效评价机制创新

思想政治教育活动能否取得预定的目标，需要靠教育活动的反馈和完整的评价机制来判定，后者对于思想政治教育现代化来说是非常重要的，因为取得思想政治教育效果是开展教育活动的最终目的，其目标是否达成、达成的程度如何，对后期思想政治教育活动的开展有着重要的标榜作用。建立一个现代化的思想政治教育评价体系，是使思想政治教育能够更科学、更严谨的客观要求。由于现行的思想政治教育评价体系面临诸多困境与瓶颈的制约，我们应积极探索评价体系的重构问题。

1. 构建评价体系

①自查自评。教育者和受教育者要进行自查自评，按照指标体系和要求，根据自身的工作重点，有针对性地通过走访、座谈、问卷调查、阶段总结、自我反思等形式进行自查自评。定期向所在思想政治教育工作领导小组提交一份自查自评报告。

②平时督查。加强对受教育者平时情况的督查。思想政治教育工作部门要按照指标体系和要求，加强平时的督促检查，督查情况、落实结果、存在的问题要逐一详细登记，按时进行小结，作为思想政治教育成效评价的重要依据。

③民主评议。思想政治教育工作部门分别对教育者进行考核，同时要抽取一定数量的受教育者参与这个评价过程，对各单位思想政治教育工作开展情况进行评议。

首先，学生工作部门应作为收集这些信息资源的主体，应当在综合分析的基础上，为其他工作部门创造信息的附加价值。其次，要建立科学的学生工作考核体系。学生工作应作为与教学、科研和社会服务等高校主体工作并列的内容，列入年度考核计划。这个考核计划主要是对学生工作队伍的工作进行考评，考评方式包括学生工作部门打分、相关其他部门打分、学生打分等，考核结果记入相关院系年终考核总成绩。学生工作系统外的考核涉及学生教育、管理和服务的，学生工作队伍要派出同志参与，要组织学生一起评议，打分要占一定的比例。对于学生工作系统内同志的考评与聘用，应由学工职能部门直接负责，涉及院系工作岗位的，院系分管领导共同参与。最后，激励广大教师积极投身于大学生思想政治教育，并且按照教育工作的需要加强自身修养，不断提高自身的思想政治素质。

然后，还要加强对学生中各类杰出人才的培养和选拔工作，对于在各级各类学生组织中涌现出来的优秀学生干部，经各院系推荐，学生工作部门选拔，留校作为辅导员，并纳入学校党政管理的后备干部人才库。进一步探索评先树优的激励机制，建设新思路，充分发挥学生党支部和党员个人、三好集体、三好学生、文明寝室等荣誉称号的榜样示范作用，使之成为激励广大学生追求上进的重要动力来源。

2. 科学的评价思想

（1）要高度重视思想政治教育工作

思想政治教育工作部门要坚持"育人为本、德育为先"的方针，牢固树立"全员育人、全过程育人、全方位育人"的理念，按照"常规工作抓规范、重点工作求突破、创新工做出特色、整体工作上水平"的工作思路，坚持"平时考查和年终考核相结合、工作考核与民主评议相结合、自查自评与统一考评相结合、狠抓落实与积极创新相结合"，通过思想政治教育工作考核评议办法的贯彻落实，进一步完善"党委领导、小组协调、系部为主、部门配合、骨干引领、全员服务、主体自觉、师生互动"的思想政治教育工作评价机制，逐步建立起"指标明确、主体参与、着眼平时、注重建设、程序规范、突出实效"的思想政治教育工作考评体系，不断提高受教育者思想水平。

（2）要切实加强常规性工作和平时督促检查

要正确认识和对待考评工作，考评是手段，促进工作是目的。思想政治教育工作部门要进一步规范日常工作制度，强化岗位职责，坚持抓好党团组织与干部队伍建设不放松，做到常规性工作不断线、无缺口，杜绝常规工作的随意性、盲目性。各被考评单位和人员要把精力更多地用到扎扎实实地做好日常的教育管理工作上。认真做好平时督查工作，及时发现问题、分析问题、解决问题，并准确记录督查情况与结果，以促进工作落实，为考评提供可靠依据。

（3）要努力抓好重点性工作和创新性工作

思想政治教育工作任务艰巨、责任重大。要善于抓重点，解决好难点和热点问题，认真学习宣传贯彻党的精神、深入开展中国特色社会主义理想信念教育，是当前思想政治教育的首要任务和重中之重，要采取有效措施抓紧抓实与受教育者切身利益密切相关的生活服务保障工作及权益维护，这是当前思想政治教育工作的热点，必须从育人的高度抓实抓好。随着信息时代的到来和社会的日益开放，受教育者的成长环境日益复杂，思想政治教育工作面临的课题也层出不穷，特别是理想信念教育、心理健康教育、网络思想政治教育等领域的问题给我们提出了新的挑战，对此必须加强调查、深入研究，在理论和实践上积极创新，要注意在创新实践的基础上总结升华理论性的成果，并将其应用到新的工作实践中，从而实现工作机制的创新。

（4）要严格考核评议程序

严格按照考评实施办法做好考评工作，确保考评的客观性、真实性，考评结果要公开，拟表彰的先进集体和个人要公示，以确保考评工作的公平、公正，考评工作人员要遵守考评纪律，本着实事求是的原则，客观、认真地对考评对象进行考评，不得借机报复，不得徇私舞弊，一经发现，严肃查处。思想政治教育现代化不仅是思想政治教育自身发展的时代要求，而且是思想政治教育发展的本质需要，其离不开思想政治教育理念、内容、方法、机制现代化的实现。在理念上要坚持以人为本，树立开放和发展的理念，这是思想政治教育现代化的重要前提。思想政治教育现代化的内容应当包括科学发展观、社会主义核心价值体系等。通过网络思想政治教育这一全新载体以及与其他学科的交融借鉴，打造校园文化等实现思想政治教育途径的现代化。要建立完善的决策管理、运行和评价体制，对思想政治教育实行严格的控制和规划，实现思想政治教育机制的现代化。

第四章 高校大学生思想政治教育模式的具体创新

第一节 高校思想政治理论课教育教学改革

一、高校思想政治理论课教学改革的机遇与挑战

（一）高校思想政治理论课教学改革面临的机遇

21世纪初，高校思想政治理论课主要面临着知识经济迅速发展所带来的超前性机遇、科教兴国战略和人才强国战略及创新驱动发展战略所带来的导向性机遇等。

1. 知识经济迅速发展所带来的超前性机遇

知识经济是以知识为基础的经济，是一种新型的富有生命力的经济形态。它是与农业经济、工业经济相对应的一个概念。知识经济中的"知识"，实际上是一个已经拓展的概念。它包括：①知道是什么的知识，它是指关于事实方面的知识。②知道为什么的知识，它是指原理和规律方面的知识。③知道怎么做的知识，它是指操作的能力，包括技术、技能、技巧和诀窍等。④知道是谁的知识，是指对社会关系的认识，以便可能接触有关专家并有效地利用他们的知识，也就是关于管理的知识和能力。由此可知，创新是知识经济发展的动力，教育、文化和研究开发是知识经济的先导产业，是知识经济时代最主要的部门；知识和高素质的人力资源、人才资源是最为重要的资源。高校想适应时代要求，必须吸纳先进的教育理念，不断推进办学模式和人才培养模式的改革。这是因为，一方面，不同学科领域的知识相互交织，并构成全球网络。传统的课堂教学受到挑战，大学生对教师的依赖性有所减少，他们可在网络上的"模拟大学"里学习，在"电子教室"里和"电子黑板"上上课，这种新型教育模式已悄然而至。另一方面，学生是学校生存与发展的决

定性力量，知识经济呼唤人才的个性和特色，千人一面、千篇一律的标准化培养模式受到挑战。只有不断创新的知识、思想和科学技术，才能满足知识经济对我国高等教育从精英教育阶段向大众化教育阶段发展的要求。

2. 科教兴国战略、人才强国战略与创新驱动发展战略所带来的导向性机遇

21世纪将是教育的世纪。一方面，教育与社会将更加紧密结合，促进教育的大发展；另一方面，教育将更加注重质量和人才素质，教育将在时间和空间上进一步拓展，教育的竞争也将更加激烈。科教兴国战略、人才强国战略与创新驱动发展战略的提出，深刻反映了我们党对教育所处历史方位的科学把握，以及对高校思想政治理论课教学的政策导向。

实施科教兴国战略和人才强国战略与创新驱动发展战略所带来的导向性机遇，在转变教育观念、深化教育教学改革的同时，人才培养的方向性成为"培养什么样的人"的基本诉求。高校思想政治理论课的地位和作用进一步凸显，这与其所具有的双重功能，即理论教育功能和思想政治教育功能，密切相关。21世纪初，就世界范围而言，各种社会思潮极为活跃，各种观念相互碰撞，不同文化相互激荡。社会主义大学作为育人的重要场所，必须高举中国特色社会主义伟大旗帜，牢牢把握马克思主义在意识形态领域的主导权，从而在高校内部形成更加强大的凝聚力，对社会形成更加广泛的影响力。因此、必须大力弘扬时代精神、爱国精神、科学精神、人文精神，发展社会主义先进文化，培育和践行社会主义核心价值观，充实和创新高校思想政治理论课教育教学内容。这就涉及政治意识导引问题。要牢牢掌握意识形态工作领导权和主导权，坚持正确导向，提高引导能力，壮大主流思想舆论。如何结合所处时期的世情和国情特点，适时地改进政治意识导引方法，在潜移默化中放大执政党和政府所要导引的主导政治意识蓝本，获得当代大学生的共鸣，是世界各国执政党和政府的主要工作之一。而高校思想政治理论课教学改革则是改善政治意识导引方法的重要内容。这是因为，高校思想政治理论课教学的对象是当代大学生这一特殊青年群体，他们的成长、成才关系到国家的政治稳定和政治发展，影响着国家的经济社会发展环境和前景，也是国家和民族的希望与未来。

（二）高校思想政治理论课教学改革面临的挑战

机遇与挑战常常是如影随形、并存同在的。在机遇与挑战面前，必须学会用辩证的思维、辩证的眼光、辩证的措施分析问题，善于把握机遇，敢于迎接挑战，积极主动采取各种行之有效的举措，不断推进高校思想政治理论课教学改革，从而达到我们期冀的目的。

1. 社会主义市场经济的新特点对高校思想政治理论课的挑战

生产关系同生产力、上层建筑同经济基础相适应，经济社会持续健康发展，其中，经

济体制改革起着重要的牵引作用。在相当长的一个时期，经济体制改革的核心问题都是如何处理好政府和市场的关系，如何使市场在资源配置中起决定性作用和更好发挥政府作用的问题。市场决定资源配置是市场经济的一般规律，健全社会主义市场经济体制必须遵循这条规律，着力解决市场体系不完善、政府干预过多和监管不到位问题，具体地说，就是使经济活动遵循价值规律要求，适应供求关系的变化；通过价格杠杆和竞争机制的功能，把资源配置到效益较好的环节中去，并给企业以压力和动力，实现优胜劣汰；运用市场对各种经济信号比较灵敏的优点，促进生产和需求的及时协调；针对市场自身的弱点和消极方面，国家对市场进行有效的宏观调控。马克思主义是科学，它始终严格地以客观事实为根据。而实践又总是在不停地发展中，马克思主义是随着时代、实践和科学的发展而不断发展的，不可能一成不变。马克思主义与时俱进的理论品质，要求高校思想政治理论课把社会主义现代化建设探索中出现的重大理论与现实问题引入课堂，引导大学生正确认识当今中国正在发生的广泛而深刻的变革，使大学生在学习、研讨的过程中逐渐接受马克思主义，确立起对马克思主义的信仰，把自己培养为中国特色社会主义事业的合格建设者和可靠接班人，否则，就会因为没有正确的理论基础和思想灵魂而迷失方向。

2. 国际形势和世界格局的新特点对高校思想政治理论课的挑战

20世纪90年代以来，经济全球化迅猛发展，科技革命日新月异，世界各国的竞争越来越表现为以经济和科技为主的综合国力的竞争。在21世纪初的今天，必须用新视野和新思路推进高校思想政治理论课教学改革，正确认识和处理高校思想政治理论课教学与当代大学生成长、成才的关系，高校思想政治理论课教学与世界观、人生观、价值观教育的关系，高校思想政治理论课教学与社会主义道德观、法律观教育的关系，高校思想政治理论课教学与中国特色社会主义理论和实践的关系，等等。化解种种挑战，并取得新的进展和实效。

（三）高校思想政治理论课教学改革的意义

理念引导行动。在新一轮高等教育改革中，各高校逐步确立并巩固了本科教育是立校之基、人才培养是根本任务、教学工作是中心工作、质量是生命线的理念，一般而言，教学是教师的教和学生的学所组成的一种人类特有的人才培养活动。通过这种活动，教师有目的、有计划、有组织地引导学生积极自觉地学习和加速掌握文化科学基础知识和基本技能，促进学生多方面素质全面提高，使他们成为社会所需要的人。也就是说，教学活动是高校人才培养的主要载体。教学，包括两层含义，即教师的"教"和学生的"学"。教与学是矛盾对立统一的双方，但是教学的根本目的是培养学生。教师的"教"，是为了学生的"学"。"教"是手段，"学"是目的。教，是教学中的主要矛盾方面；教学设计控制着教学节奏、教学方向、教学过程，决定着教学目标的实现，教师在教学中起主导作用。学生的"学"，主要是指学生的学习投入水平，学生的学习参与程度，学生的学习质量，等等。学，是教学中的次要方面；尤其在课堂教学中学生始终处在被动一方。但是，教学目标是要通过学生来实现，是为了学生，学生是教学活动的主体。因此，学生的"学"更具有本体性，学生的"学"，主观能动因素同样至关重要。从这一视角加以审视，以往的教育教学改革，多致力于教师"教"的环节，而在发挥学生的主体作用、激发学生的学习兴趣、促使学生把主要精力投入"学"的过程等方面，还有足够宽阔的探索空间。面对新的机遇和挑战，高校思想政治理论课教学改革涉及诸多因素，但同样需要做到有的放矢。因此，如何从调动和发挥"教"与"学"两个方面的积极性入手，进一步提高教育教学质量，就成为高校思想政治理论课教学改革的意义之所在。

二、深化高校思想政治理论课教学改革的对策

增强高校思想政治理论课的实效性与吸引力是一项长期的工作任务，这也是用科学理论武装大学生的首要问题。因此，推进高校思想政治理论课教学改革，就必须首先牢牢把握高校思想政治理论课建设的基本要求。在地位作用上，要进一步强调高校思想政治理论课是中国特色社会主义大学的本质体现，是引导大学生树立正确的世界观、人生观、价值观的重要途径。在工作思路上，要进一步强调以师资队伍建设为关键，以教材建设和学科建设为支撑，以教学方法改革为突破口，以宏观指导为保证，全面加强和改进高校思政理论课建设。在教学内容上，要进一步强调坚持用马克思主义中国化最新成果武装大学生，深入开展社会主义核心价值体系和社会主义核心价值观教育，帮助大学生树立正确的理想信念，坚定走中国特色社会主义道路的决心和信心。在教学方法上，进一步强调要以学生为本，积极探索符合教育教学规律和学生学习特点的教育方法和教学模式，充分调动学生学习的积极性和主动性，增强思想政治理论课的亲和力、吸引力和感染力；学生有兴趣、有积极性，愿意学，是改善教学状况的主要方面，反之，如果学生没有自主性，教学效果就很难体现出来。在教学与科研的关系上，要进一步加强对马克思主义理论学科和思想政治理论课建设的政策引导与支持，从学科建设的高度对待教学，从教学需要的角度强化科学研究，以教学中遇到的重要问题为切入点，加快推进学科建设、加快强化基础条件建设，从而达到教学科研相互促进的目的。在教师队伍建设上，要进一步强调既要提高教师地位，又要加强教师管理，严把政治关、业务关和师德关，努力建设一支"让党放心，让学生满意"的高校思想政治理论课教师队伍。

明显改善高校思想政治理论课的教育教学效果也是一项系统工程，需要进一步深刻领会党中央育人为本的总体要求，努力把握课程本质要求和发展方向，在新的历史起点上加强思想政治理论课建设，推进思想政治理论课教学改革。这就需要上级主管部门的宏观指导和支持，需要高校的有效组织和管理，需要广大思想政治理论课教师的主动实践和推进，需要发挥协同作战的综合优势，持之以恒地攻坚克难，着力解决思想认识不够到位、支撑体系不够完善、师资队伍建设和学科建设比较薄弱、课程内容比较枯燥、教学方法比较单一、管理水平比较落后等问题，并寻求与此相应的对策，破解这些问题，把高校思想政治理论课的教育教学提高到一个新的水平。

第二节　高校思想政治理论课教育创新发展

创新是一个民族的灵魂，是一个国家兴旺发达的不竭动力，在知识经济时代，一个民族的创新能力，是这个民族能否永远立于不败之地的关键之所在。教师要树立"人人都有创造性、创新教育要面向全体学生"的新观念，大力开发和挖掘人的创造潜能，提高人的创造素质，努力为国家培养大量的创造性人才，这是历史赋予我们每一位思想政治理论课教师义不容辞的职责。

一、思想政治理论课教师树立创新意识的现实意义

面对世界科技飞速发展的挑战，我们必须把增强民族创新能力提高到关系中华民族兴衰存亡的高度来认识。培养创新意识，需要培养创新人才，创新人才的培育需要教育，更需要教育创新。教育的创新是时代的要求，当今社会，伴随着经济和综合国力的发展，教育在其中发挥着越来越重要的作用，如何创新教育，让教育更好地发挥其作用成为一个重要的教育命题。进行教育创新，有助于我们更加充分地吸收人类优秀的历史成果，有助于提高人们的思想觉悟，有助于更好地培育新时代的中国公民。同时，培养具有创新意识、创新思维和创新能力的人才，是新时期经济和科技发展的要求，符合我国科教兴国和人才强国的战略，有助于我们走在现代化建设的制高点，实现中国的繁荣富强。培养学生的创新意识，是时代赋予每个教师的重要职责，思想政治理论课教师作为学生思想发展的引路人也不例外。因此，创新对于思想政治理论课教师的发展和学生的成长来说都具有重要的意义：有利于促进思想政治理论课教师专业化的发展，增强他们的责任感和主体性；有利于学生的个性发展，摆脱传统的思维方式；有利于转变传统刻板的上课模式，彰显课堂的

魅力；同时也有助于师生追寻课堂新的意义，促进师生在思想政治理论课上的共同成长。

二、思想政治理论课教师树立创新意识的有效途径

科学理论指导是思想政治教育工作创新的灵魂。著名的教育家陶行知先生也曾说过："处处是创造之地，时时是创造之时，人人是创造之人。"知识经济时代，如何解放思想，开阔思路，把创新性教育理念、教育教学改革、提高教师素质等紧密结合起来，已经成为摆在广大教育工作者面前的重要新课题。

（一）创新教师队伍素质

在知识经济时代，信息爆炸性发展，知识急剧更新，使得高校思想政治理论课教师队伍的整体素质特别是现代科技素质面临严峻的挑战。作为塑造学生灵魂之工程师的思想政治教育工作者，肩负着"传道、授业、解惑"的重任，他们的素质如何对素质教育的推进起着决定性的作用。而现实情况是不少教师缺乏信息科技的基本常识和技能，对电脑、网络和多媒体懂得不多，部分人不会利用网络、多媒体、影视器材等现代科技手段实施教育。因此，要采取有力措施，加强培训，使这支队伍不仅具有坚定的理想信念和丰富的理论知识，而且具有制作思想政治教育软件的能力和利用网络、多媒体等信息处理技术有效实施思想政治教育的能力。培养具有创新精神的思想政治教育者，增强思想政治理论教育的实效性。加大教师队伍建设力度。思想政治教育既决定一个学校的核心竞争能力，也是培养创新型人才的关键所在。思想是行为的先导，创新的教育理念就会引领创新实践，即思想一重视就深入，一深入就行动，一行动就发展。为此，要采取"走出去，请进来"方式，学习借鉴国外先进的教学经验，总结吸取国内滞后的教学教训，内外融合，新旧融合，形成一套贴近时代要求、贴近教学实际、贴近人才需求的教学理念。转变旧的教学观念，是接受先进理念和实现课程改革的一个重要保证，更是实现教育创新的重要保证。很多教师都是习惯于在课堂上实行思想政治教育，教师要摆脱旧的教育观念的束缚，更新教育观念，树立正确的人才观、质量观和学生观。还课堂给学生，变"传授知识"为"传授方法"，认识到学生才是课堂的主体，自觉地做精神的引领者，这样才能以饱满的热情投入到课程改革当中。

（二）建立创新型教学的多元体系，增强思想政治理论教育的系统性

创新教学内容，教师不仅要有雄厚的专业知识和理论基础，还要掌握思想政治的动态前沿；教师不仅是知识的传授者，也是知识的创造者。教师要深入研究、积极探索，构建

适合本学校和本学科的思想政治教育课程体系。构建创新型的思想政治教育人才培养体系，要符合以人为本的教育理念和实现学生的全面发展的教育内涵，教师要敢于对课程进行创新式的尝试，要对课本的内容进行适当调整。另外，思想政治教师要加强与其他学科教师的沟通，并尝试进行跨学科的学科整合，开发多样化教学内容，如社会实践课程与思想政治教育课程相结合，让学生能够参与其中，这样教师也可以感受到科研的快乐。思想政治教师要紧跟时代步伐，更新教学观念，改变"一支粉笔、一张嘴"的单一教学手段，把挂图、投影、实物、录音、录像、电脑运用到教学中，以良好的直观性、生动的趣味性、丰富的表现力激发学生强烈的求知欲望，增加课堂学习的兴奋点，激活思维。

第三节　新媒体环境下高校思想政治教育创新发展

一、新媒体与高校思想政治教育相结合的实践发展

（一）新媒体时代大学生网络舆情引导的依据和途径

在信息大爆炸、新媒体称雄的信息时代，"互联网+"新媒体平台日益成为社会舆情的敏感区和发源地，其重要性、影响力和渗透力已经远远超越了传统媒体。网络舆情深刻改变和重塑社会舆论生态，对当代大学生的思想、行为和生活产生直接作用和广泛影响，给青年大学生的健康成长和实现党在新形势下的大学生思想政治教育工作目标造成了不容忽视的冲击。

1. 网络颠覆了传统的信息传播方式

在信息社会到来和网络时代崛起之前，人们之间的信息传播主要依靠人与人之间的口耳相传、文字交流和纸质媒介等方式，呈现出点对点、单向度、被动性、线性的特征。公众掌握和接收的信息极其有限，个人发表意见、发布信息、传播思想的渠道和平台也十分狭窄，也决定了信息传播速度、传播范围和影响力的局限性与效度。社会舆论基本处于官方掌控和主导的范围内，对于一些不利于社会安定团结和有悖于国家治理的信息，政府有关部门可以轻而易举地进行防范、删除、封堵。然而，网络技术以层级扁平性、多向互动性和交流开放性等特点，使信息传播和交流实现了自由顺畅、高度共享、即时交互的目标。"事实上，智能手机的出现，已经将我们带入另一个世界。在这个世界，信息不再是

稀缺物，很难再成为垄断资源。"网络消除了参与者身份、地位、阶层等个体性的差异，人人都可以自由、简易、快速地在网络上发布信息，也可以根据自己的兴趣、爱好和关注话题发表观点、搜索信息，并与其他用户就共同关心的话题进行广泛讨论、深入交流。这种无障碍的信息传播模式完全改变了传统信息传播的主客体关系，模糊了信息创造者、发布者、传播者以及接受者之间的界限，传统的"我说你听"传播模式被大家都是"言说者"的传播方式所取代，权力主导的话语权力体系也被解构了。网络技术发展和网络工具的普及，改写了信息传播的规则，带来了信息传播方式的彻底变革，颠覆了传统的信息传播模式，解除了政府部门对信息的垄断权和控制权，使得公众信息以及由此形成的社会舆论大面积形成、大范围传播与产生巨大社会影响成为可能。

2. 网络具有很强的舆论放大效益

在网络上，每个人都可以是信息的制造者、传播者和接受者，并且可以同时兼具三种身份、扮演多种角色。特别是随着自媒体时代的到来，"随手拍"成为常态，"微博直播"日益普及，公民记者大量涌现，标志着整个社会舆论环境已经从"大喇叭"时代转型升级为"麦克风"时代。在"麦克风"时代，无形无色网络的力量无孔不入地渗透到经济社会的各个领域和人们生活的各个方面。在网络上，一则消息、一句评论或一张图片都有可能引爆网络舆情，只言片语、点滴涟漪可以在刹那间波及全球、辐射全世界，引发网络社会甚至是现实社会的轩然大波和广泛反响。正是凭借着便捷性、平民化、普泛化、自主化和快速性等压倒性优势，网络的强大互动功能推动着信息传播朝着社会的广度和深度扩散与渗透。网络舆论以跨越时空的强大生命力、渗透力演绎了社会舆论世界和现实生活中的"蝴蝶效应"。更为重要的是，网络的这种舆论放大功能和效应并未止步，而是在持续强化和加剧。

（二）大学生网络舆情引导的基本策略和实现途径

以"00后""05后"为主体的大学生群体处在一个人世界观人生观价值观趋于成熟的关键阶段，但尚未最终定型，极其容易受外界因素的影响和形塑，波动性极大。思想文化对大学生思想观念、理想信念和价值取向的影响不可小觑。要实现"两个一百年"奋斗目标和中华民族伟大复兴中国梦，保证中国特色社会主义现代化建设事业后继有人，就要准确把握社会信息化、网络生活化对青年思想和行为的深刻影响，扎实有效做好大学生网络舆情引导工作，使网络舆情引导成为当代大学生成长、成才、成功的重要武器。

1. 抢占网络舆论阵地，牢牢把握网络舆情引导权

当前，社会意识形态领域的竞争、斗争和博弈日趋复杂，各种思想文化交流交融交锋此起彼伏。网络作为各种社会思潮宣扬和兜售其"价值秘方"的重要市场，是各方势力竞相争夺的敏感地带。在网络社会，一些热点话题和敏感问题极易被居心叵测的人利用，通过歪曲事实、挑拨离间、添油加醋等手段，造成"波涛汹涌"的网络舆情。网络舆情对青年大学生的思想、思维、性格、道德和日常行为的影响与日俱增。从这个意义上讲，互联网已然成了宣传思想战线和意识形态领域争夺人心、争夺大学生的主战场。要赢得未来必须赢得大学生，而只有贴近网络，方可赢得大学生。对此，高校各级党委、各个部门和思想政治教育工作者必须牢固树立阵地意识，及时跟上互联网发展的步伐，做好官方网站、官方微博的建设和应用，积极促进传统媒体和新兴媒体融合发展，通过创建校务微信、思政专家微博、公众微信平台等方式，全面进军新媒体舆论场，主动抢占网络舆论阵地、网络舆论空间，做到平时"润物细无声"，重大问题不缺位，焦点问题不迟钝，关键时刻不失语，牢牢把握网络舆情引导权、主动权。

2. 掌握基本规律和方法艺术，提升对大学生网民的网络舆情引导力

在复杂多变的网络舆论生态中，舆论导向正确的刚性要求与讲求良好的传播效果和引导效果的柔性做法，力求实现和谐统一。而要达成这种统一，必须要熟悉网络舆情形成特点、传播规律和掌握驾驭网络舆论的艺术，提高防范和化解网络舆情危机的能力与水平。一是要深入研究大学生网民的网络心理、行为习惯、网络偏好以及大学生网络沟通、联络、交流和聚集方式，通过主动设置议题、利用舆论领袖、增强人性化关怀等手段巧妙、灵活地引导网络舆情，做到网络舆情引导有方、有术、有力、有效。二是要贯彻尊重包容、平等互动的原则。宣传思想战线的同志和广大思想政治教育工作者与大学生网民进行对话、交流时，要坚持理性的精神和谦卑的态度，抛弃高高在上、盛气凌人的姿势，用真诚、坦诚、热诚赢得大学生网民的认可、信任和支持，建立起与大学生网民有效沟通和良性互动的长效机制，努力实现对大学生的引导、吸引和凝聚。三是要善于用大学生的语言、大学生的思维、大学生的逻辑以及大学生乐于接受的方式与大学生网民进行交流，准确掌握大学生普遍关心、高度关注的现实问题，对接大学生网民多样性、多元化的网络需求、心理问题、思想困惑，广泛运用微博、微信、手机媒体等新媒体工具，认真做好解释说明、分析论证和网络舆情引导工作，引导广大学生树立网络文明意识，帮助大学生培育积极向上的价值观。

第四节　国际化视野下的高校思想政治教育创新发展

在国际化视野下，大学生思想政治教育评价的创新发展，必须以宽广的眼界和动态的视角，借鉴先进教育评价的现实经验和先进做法，遵循新生代大学生的成长规律，改进方式方法，完善机制体制，不断推进大学生思想政治教育评价的科学化进程。

一、发展性：评价指标体系的创新

指标体系的构建在评价过程中处于首要地位，其变化直接关系着评价的目标方向和价值取向。目前世界各国致力于教育改革时，都十分重视在改革的过程中保证教育质量的提高，纷纷成立专门的研究机构以开展教学质量监控与评价，构建出很多具有代表性的教育评价指标体系。国际化视野下推进我国大学生思想政治教育评价的创新发展，首先应该充分地借鉴世界其他国家在教育评价指标体系探索中积累的经验，并结合我国的国情，逐步构建我国大学生思想政治教育评价的指标体系。

（一）国际化视野下大学生思想政治教育评价指标体系创新的关键

1. 注重评价指标体系的系统性

很多教育者在评价指标体系的设计过程中，非常重视评价指标体系的系统性问题，保证指标体系反映出对教育全过程的关注和评价。大学生思想政治教育是一个庞大的系统工程，从工作层面看，涉及教育目标的设定、内容的确定、方法的选择、结果的运用等；从运行机制看，涉及教育机构、教育规律、教育管理等；从教育环境看，涉及学校教育、家校合作、社会支持等；从参与者层面看，涉及教育的施教者和受教者，因此，在制定评价指标体系的过程中，必须扩宽视野、考虑全面，注重评价指标体系的系统性。

2. 注重评价指标体系的多元化

一些教育评价研究认为，评价指标的设计不是数量越多、观测点越多就越好，涉及的指标过细、面面俱到，操作性和针对性反而不强，也不容易反映出评价目的的侧重点。反之，评价指标过于简单，则不能全面地反映评价对象的全貌，不能客观、真实地反映问题。因此，主张在教育评价指标体系的设计过程中，重视评价指标体系的多元性，既不能过于烦琐，又不能过于简单，要确保指标体系的代表性和针对性。

3. 注重评价指标的非均衡性

由指标体系的多元化可知，指标体系是由一群指标组成的。对于评价对象而言，这群指标中总是有重要指标和非重要指标之分。因此，国外的教育评价研究认为，在教育评价过程中，不能等同地看待每一条指标，主张在教育评价指标体系的设计过程中，重视评价指标体系的非均衡性，科学地确定各评价指标在整个体系中的权重比，确保教育评价结果的有效性。

（二）国际化视野下大学生思想政治教育评价指标体系创新的路径选择

评价指标的选择设计科学与否，直接关系到评价标准、评价方案的科学性与可行性。因此，构建国际化视野下的大学生思想政治教育评价指标体系，应该面向国际，借鉴先进的教育评价研究和实践经验，去粗取精，取长补短。具体而言，在大学生思想政治教育评价指标的设计过程中，要坚持以下四个原则。

1. 发展性原则

大学生思想政治教育评价的指标体系要以人的全面发展为导向，注重评价体系的发展性，体现大学生思想政治教育的发展。在设计大学生思想政治教育评价指标时，要充分依据这个方向，着眼于社会的发展和需要，注重学生个体的发展和需要，把人的素质提升与人的全面发展、社会的全面进步联系起来，全面体现社会"德智体美全面发展"的人才要求。

2. 合目的性原则

合目的性原则也称一致性原则，是指"在构建大学生思想政治教育工作评价指标体系时要以大学生思想政治教育评价的目的为导向，使指标体系整体、指标体系中的各项指标时刻与大学生思想政治教育评价的目的保持一致，绝不能使其游离于评价目的之外"。从目前我国大学生思想政治教育的实践探索现状来看，必须以中央16号文件（《关于进一步加强和改进大学生思想政治教育的意见》）精神为核心目的，全面反映大学生思想政治教育工作的目标要求，遵循大学生思想政治教育的特点和规律，体现对大学生思想政治教育的全员、全过程、全方位评价。

3. 完备性原则

指标体系构建的完备性原则即"指标的全面、完备、整体性原则，它要求标准细目化后的指标体系能够全面地再现和反映评价者对评价对象的要求，使评价的目的存在于指标的总和之中"。完备性包括两层意思，一是大学生思想政治教育评价指标体系的设计者要从大学生思想政治教育的价值观出发，充分尊重大学生思想政治教育的本质属性，确定其评价的真实目的。二是设计者在设计具体指标时要全面反映整体要求，不能偏废，对于各类指标要设定合适的权重和分值，次一级指标要全面地、本质地、具体地反映和体现上一级指标。

4. 可视可测原则

目前，国内思想政治教育评价领域提出了"可视性评价"的概念。所谓可视性评价，是指将思想政治教育主体的行为、思想政治教育过程、思想政治教育客体的变化、思想政治教育效果、思想政治教育评价标准和手段采用定性和定量相结合的方法，依靠动态数据和可追溯性的事实，把所有评价的指标转换成显性的、可视的和可测的项目来进行客观、公正的测评，这是思想政治教育工作评价领域的一次重要而有益的探索。

二、科学性：反馈评价结果的创新

评价结果的产生，并不意味着一项评价工作的完成，对这一结果的有效反馈和科学指导才是大学生思想政治教育评价的最后环节。可以说，及时反馈大学生思想政治教育评价的结果并进行科学的分析与处理，关系到评价的作用能否充分发挥，关系到下一阶段大学生思想政治教育活动的开展与实施，关系到大学生思想政治教育的可持续发展，是评价实施阶段的延续。在国际社会中，教育评价尤其注重对评价结果的反馈，评价结果的正确、反馈的科学性是评价功能最大化的直接体现，是促进大学生思想政治教育的重要推手。

（一）国际化视野下大学生思想政治教育评价结果反馈创新的关键

1. 建立大学生思想政治教育评价信息系统

这是大学生思想政治教育评价的基础工作之一，旨在收集、整理、加工和使用大学生思想政治教育信息，为大学生思想政治教育评价服务。没有足够的信息，就不能保证大学生思想政治教育评价的顺利进行，也无法进行科学评价。由于大学生思想政治教育资源的丰富性、大学生思想政治教育影响的广泛性，要全面收集大学生思想政治教育信息是一件复杂而困难的事。因此，要在大学生思想政治教育过程的开始阶段就建立起大学生思想政治教育信息系统，既要掌握好基础性常态数据信息，了解对象日常的基本情况，又要掌握现场真实性信息，与基础性数据对接，使大学生思想政治教育评价活动更加科学有效。

大学生思想政治教育信息系统的核心任务是系统地记录有关大学生思想政治教育实际

问题、投入与产出、外部环境变化等方面的信息资料。具体包括大学生思想政治教育政策和目标、投入某项大学生思想政治教育活动的资源以及分配情况、大学生思想政治教育实施的情况、大学生思想政治教育实施对大学生思想政治教育目标群体所产生的影响、社会公众对大学生思想政治教育的反映，等等。为了保证大学生思想政治教育评价信息的使用价值，信息资料要力求全面、客观。在信息收集上，要求评价方式尽可能信息化并透明化，以通过"基础信息和现场考察信息"来提高评价的效度和信度。信息化是指信息收集在时间上、次数上、数量上、范围上需要 4 有明确的规定，尽量避免靠大量的文字来描述评价结果；标准化就是要求各种信息从内容到形式都力求统一，以便于归纳、整理、加工、筛选。

2. 注重大学生思想政治教育评价信息的搜集与处理

大学生思想政治教育评价是在广泛收集信息的基础上的一种价值判断。大量的实践表明，信息搜集的充分与否是影响大学生思想政治教育评价的信度和效度的关键因素。大学生思想政治教育评价的科学性、准确性与评价信息的收集与处理密切相关，评价相关信息收集越充分，处理信息的手段越科学，大学生思想政治教育评价的结果就越准确。作为影响大学生思想政治教育评价科学性的重要因素，思想政治评价的信息收集和处理的科学化必须加强，具体而言，应努力做到以下三点。

第一，用科学发展观指导大学生思想政治教育评价结果的分析与处理。大学生思想政治教育评价结果的分析与处理是评价实施阶段的延续，关系到评价作用是否发挥，关系到下一阶段思想政治教育活动的开展与实施。因此，要以形成综合判断、分析判断、估计评价活动的质量、向有关机构反馈评价信息等形式来提升大学生思想政治教育的效度。

第二，建立各级各类大学生思想政治教育评价信息网。由于种种原因，目前大学生思想政治教育评价信息来源渠道仍比较单一，主要依靠被评单位的上报材料和专家现场评价的观察，缺乏信息来源的多渠道，缺乏社会和高校的主动参与，尚没有建立评价信息网，必须采取多种渠道、多种方式收集信息，通过常态化的机制实现对大学生思想政治教育评价信息提供的多样化。

第三，重视现代科学和技术在信息收集和处理上的应用。科学技术的发展，使过去一些无法做到的事情成为可能。模糊数学和计算机软件在信息收集和处理上的广泛应用、计算机网络的便捷和方便，为大规模地收集信息提供了技术条件，有助于促进大学生思想政治教育评价的完整性和科学化。

（二）国际化视野下大学生思想政治教育评价结果反馈创新的路径选择

大学生思想政治教育评价结果的反馈涉及方方面面的内容，反馈技术是其中之一。由于评价结果的反馈既能对被评者产生激励作用，又具有挫伤被评者自信，使其产生焦虑的风险，所以，近年来国内外研究者围绕如何实行有效的反馈技术开展了大量的研究，并取得了一定的成果。在进行大学生思想政治教育评价结果反馈的过程中，应有效结合这些研究成果，探索适合我国国情的评价反馈技术。

教育评价反馈的结果必须及时、迅速，尤其是大学生思想政治教育评价更应如此。结果的及时反馈能够进一步促进下一轮大学生思想政治教育活动的开展与实施，也有利于思想政治教育者更科学合理地展开教育活动，其绩效结果反馈对于科学提升工作水平有着重要的导向作用。

无论如何，反馈的评价结果都应该只针对具体的工作而非个人行为。需要注意的是，反馈的负面信息应该是描述性的，指出参评人员的改进空间，而不是判断或评价性的。

第五章 基于全面发展理论的高校思想政治教育创新

第一节　全面发展理论与高校思想政治教育的辩证关系

马克思主义关于人的全面发展理论是马克思主义学说的重要组成部分。人的全面发展是社会发展的终极目标，也是高校思想政治教育的价值取向与根本目的。高校思想政治教育既是人的全面发展的内在要求，也是促进人的全面发展的有效手段。

一、思想政治教育的理论指导和出发点

（一）人的全面发展理论是思想政治教育学的理论依据

任何一门学科都需要有科学的理论依据，思想政治教育学也是如此。马克思主义理论尤其是马克思主义关于人的全面发展的学说，是确定思想政治教育目标、方针及任务的重要理论根据。中国目前处于社会转型期，社会的急剧变化激起人们在思想观念、价值体系以及心理情感方面更深层次的矛盾与冲突，成为思想政治教育亟待解决的时代课题。现代社会的发展与变革以满足人的需要和实现人的发展为终极目标，因此，马克思主义关于人的全面发展理论成为思想政治教育解决这一时代课题的重要理论依据。

（二）全面发展理论的出发点和归宿

马克思主义追求的最高目标与理想是实现人的全面发展。马克思主义认为，社会发展的主要动力来源于人本身，历史的进步是社会的发展与人的发展二者统一的结果，社会发展的终极目标是实现人的自由而全面的发展。马克思认为，人的自由而全面的发展是与生产力的发展成正比的，只有在物质财富极大丰富、人们的精神境界极大提高的共产主义社会，才能完全实现每个人的自由而全面的发展，但这是一个逐步提高、不断发展的过程。

人的发展存在于社会发展的每一个阶段，人的自由而全面的发展是社会发展与进步的最终结果与重要尺度。社会主义的根本任务是发展生产力，而发展生产力的落脚点就是实现人的全面发展。因此，高校思想政治教育的根本任务是通过满足人的需求、提高人的素质、活跃人的思想、振奋人的精神、增强人的凝聚力来充分调动与发挥人的积极性、主动性和创造性，最终推动人的全面进步。虽然在不同的历史时期和不同的具体环境下思想政治教育有不同的具体目标和任务，但追求与促进人的全面发展，是思想政治教育永恒不变的出发点和与归宿。特别是在当代全球化趋势日益加深和社会主义市场经济蓬勃发展的背景之下，高校思想政治教育更应该以人的全面发展理论为指导，以自身的具体情况为依据，为实现人的全面发展这一终极目标提供精神动力与智力支持。

社会主义是全面发展、全面进步的社会，社会主义必须促进人的自由而全面的发展。因为人的自由而全面的发展，是社会发展与进步的最终结果和重要尺度。我国改革开放 40 多年取得的物质财富，为"人的自由而全面发展"奠定了坚实的物质基础。全面发展的社会要求全面发展的人，并为人的全面发展创造必要的条件。因此，高校思想政治教育应该以实现人的全面发展为最终目的和归宿。

二、高校思想政治教育的重要途径

实现人的全面发展必须具备一定的历史条件，这就是消灭私有制，使生产资料归社会所有，同时，使生产力发展能为每一个人提供全面发展和表现自己全部能力的机会。实现人的全面发展还有另外一个条件，就是全面发展的教育。这种全面发展的教育不仅包括德育、智育、体育，同时还包括美育、技能、处理人际关系的正确观念和能力，等等。在实现人的全面发展的教育中，马克思主义历来都很重视思想政治教育。

实施人的全面发展的教育，以便使年轻人能够很快熟悉整个生产系统，使他们能够根据社会的需要或他们自己的爱好，轮流从一个生产部门转到另外一个生产部门，使他们摆脱现在这种分工给每个人造成的片面性。而生产劳动和教育的早期结合是改造现代社会的强有力手段之一，生产劳动同智育与体育相结合，既是提高社会生产的一种方法，也是促进人的全面发展的唯一方法。由此可知，马克思主义经典作家历来重视思想政治教育对人的全面发展的影响与作用。高等教育作为国民教育中的"高端"教育，富于感染力与渗透性，深刻影响着人的全面发展的各个方面。高校思想政治教育是一种特殊的教育实践活动，它以转变人的思想、提高人的主体性为目标，通过满足人的需求、提高人的素质、活跃人的思想、振奋人的精神、增强人的凝聚力，最终推动人的全面进步。

（一）高校思想政治教育的决定性

高校在德育、智育、体育等方面都存在教育方向的问题，即从政治、思想、品德的角度上研究教育的导向问题。马克思主义关于人的全面发展理论认为，在人的全面发展中，思想品德是灵魂，是人的一切言行的指导。思想政治教育解决的是人的全面发展的思想政治教育方向的问题，高校用何种世界观和道德观教育青年大学生，让他们朝着哪种思想政治方向发展，是区分社会主义高校与资本主义高校的一项重要标准。当前，在世界经济一体化和我国经济体制改革日益深化的背景下，我国高校大学生的主流思想政治状况是积极乐观、健康向上的。当今大学生关注国家时事热点，政治视野开阔，政治思想比较健康，政治评价较为积极，基本能对政治问题进行客观、理性的分析，政治鉴别力较强。对精神文明建设的重要性的认识比较客观，对人生的基本道德要求与道德价值取向的认识和理解日趋稳定与成熟。然而，西方各种敌对势力从未停止其在意识形态领域的渗透活动，并且，他们西化和分化的重点就是高校大学生。尤其是随着目前网络信息技术的高速发展，西方资产阶级思想文化对高校的渗透不断加剧，他们企图通过潜移默化的方式，传播和散布西方的价值取向与政治观点，以达到颠覆共产党的领导和社会主义制度的政治目的。与此同时，由于我国尚处于社会主义初级阶段，在不够完善的社会主义市场经济体制下存在的一些社会问题，很容易对大学生的思想政治状况产生消极影响。一是大学生易受到拜金主义、享乐主义与极端个人主义的影响，存在理想信念模糊、政治信仰迷茫、缺乏社会责任感等问题。二是大学生愈加重视个性化的发展，集体主义、艰苦奋斗等传统精神受到忽视，心理素质较低，自主能力与自控能力较差，容易产生心理障碍以及厌学、厌世现象，个别大学生甚至会走向极端；贫困大学生思想负担较重，容易产生自卑与不满情绪。三是互联网上充斥的各种信息良莠不齐，某些不良思想会对广大学生造成巨大的消极影响，甚至威胁到学校的安定和谐，少数大学生沉迷于网络而不能自拔，致使精神颓废甚至荒废学业。四是一些大学生在面对严峻的就业形势和沉重的就业压力时，会感到前途渺茫，甚至自暴自弃。以上这些现象会对大学生的身心造成极大的负面影响与危害，严重阻碍了当代大学生的自由全面发展。因此，高校思想政治教育要从内容和形式方面加强对大学生思想的教育和引导。从内容来看，高校思想政治教育最根本的任务是帮助大学生树立正确的世界观、人生观和价值观，因此要重视对大学生思想品德方面的教育，促进其形成正确的思想观念、价值取向以及道德标准；从形式上看，思想政治教育是做人的思想工作，要教育大学生掌握科学的立场、观点与方法，不断提高大学生认识世界与改造世界的能力。我国是社会主义国家，高等教育必须把德育（思想政治教育）放在首位，只有高度重视对大学生思想品德的培养，才能坚持社会主义的办学方向，同时有力地推动大学生的自由全面发展，使其能够更好地适应社会主义的发展方向。

（二）高校思想政治教育的重要作用

首先，高校思想政治教育是为大学生提供科学文化知识，以帮助其更好地认识世界的特殊教育方法。高校的德育、智育都是极其重要、不可偏废的。高校进行智育的目的在于培养大学生的智慧与技能，以使其将来能够更好地承担社会角色和任务。智慧和技能属于智力因素，而思想品德属于非智力因素。人的智慧和技能不是独立形成的，其与人的思想品德发展紧密联系。现代心理学研究表明，人的智力因素的发展水平和发挥程度依赖于而且越来越取决于人的非智力因素的发展水平。可见，学生的学习水平越来越取决于他的思想品德与心理素质。因此，高校实施思想政治教育，要重视提高大学生的思想道德与心理素质等非智力因素，从而促进大学生的全面发展。其次，高校思想政治教育是引导大学生追求知识的力量源泉。教育心理学告诉我们，人在学习文化、掌握知识的过程中会受到许多主观因素的影响，其中决定青年大学生是否学有所成的是学习的积极性，而学习的积极性又取决于大学生的学习动机。在促进大学生学习的全部动机中，人的思想因素是最深刻、稳定和永久的。因此，只有通过实施思想政治教育，才能把社会主义现代化建设的要求转化为青年大学生的要求，进而形成大学生学习与实践的动力，从而促进大学生德、智、体、美等方面的全面发展。

总之，高校思想政治教育作为全面发展教育的重要组成部分，在大学生获得知识和培养能力的过程中起到重要作用，是促进大学生全面发展的重要条件与有效途径。

三、人的全面发展和高校思想政治教育相结合

推进人的全面发展，同推进经济、文化的发展和改善人民物质文化生活，是互为前提和基础的。人越全面发展，社会的物质文化财富就会创造得越多，人民的生活就越能得到改善，而物质文化条件越充分，又越能推进人的全面发展。这不仅科学地揭示了人的全面发展和物质文化发展的关系，也科学地揭示并高度概括了思想政治教育与人的全面发展之间的辩证关系。

（一）高校思想政治教育为人的全面发展提供精神支持

思想道德素质的提高是大学生全面发展的基础和前提，尽管提高大学生的思想道德素质的方法与途径是多种多样的，然而，高校思想政治教育的作用是不可替代的。

1. 高校思想政治教育升华大学生的理想

高校思想政治教育通过对大学生进行科学的社会主义理想教育，引导大学生树立正确的世界观、人生观和价值观，教育和鼓励大学生根据社会需要进行个人选择，把个人的兴趣爱好与专业特长等主观因素与国家和社会的需求相结合，将个人的自我价值与社会价值的实现和社会发展的目标相统一，始终坚定共产主义理想，对社会主义道路充满信心；帮助大学生纯洁思想、净化心灵、陶冶情操，培养健全的人格，塑造良好的风貌；提高大学生的思想道德素质，鼓励大学生培养社会责任感、团队协作意识以及奉献精神，激发大学生的爱国主义与集体主义精神，继承和弘扬中华民族优秀的精神文化传统，推动大学生全面提高个人素质，形成完善的人格，实现自身的全面发展。

2. 高校思想政治教育开发大学生的潜能

高校思想政治教育使大学生形成科学的思维方式，避免形而上学，最大限度地挖掘大学生的潜力，调动其积极主动性，提高大学生认识世界与改造世界的能力，促进大学生实现自身的全面发展。

3. 高校思想政治教育塑造大学生的人格

提高人的素质，塑造健全人格，不仅是实现人的全面发展的必然要求，也是国家和民族努力奋斗以实现兴旺发达的必然要求。高校思想政治教育作为一种有计划、有目的、有组织的教育活动，在人的全面发展中起到塑造人格的作用，是塑造大学生的健全人格的必要条件与决定力量。其通过培养大学生良好的思想品质，规范其社会行为，使大学生形成良好的心理品质和崇高的精神境，并沿着正确的方向不断发展，对造就全面发展的优秀人才起着至关重要的作用。

4. 高校思想政治教育激励大学生奋斗

高校思想政治教育从大学生的思想认识入手，把握大学生的思想脉搏，提高大学生的思想觉悟，充分调动其积极性、主动性与创造性，引导大学生将自己从事的具体的科学技术业务同远大的理想目标联系在一起，以崇高的思想指引和鼓舞大学生不断在人生的道路上探索、追求，凭借巨大的精神动力，去克服主观与客观的困难和阻碍，最大限度地挖掘自身的内在潜力，开发自己的智慧宝库。高校思想政治教育正是通过革命理想和信念的巨大作用，引导大学生将思想、行为上的进步升华为学习、工作效率的提高，使大学生树立共产主义的远大理想与坚定信念，进而实现自身的全面发展。

5. 高校思想政治教育规范大学生的行为

高校思想政治教育通过对符合思想政治教育方向、目标的思想、行为的正确性和偏离思想政治教育方向、目标的思想、行为的不合理性进行界定，来规范大学生的思想与行为。在思想政治方面，帮助大学生树立正确的政治观念，在思想信念中达成政治共识与思想一致。在行为规范方面，通过明确行为规范，对大学生的行为进行正确引导，防止其出现异常和越轨的行为；在人际关系方面，培养大学生良好的心理素质，加强彼此之间的沟通与交流，从而形成和谐的人际关系。与此同时，高校思想政治教育通过增强大学生的社会责任感，提高其政治素养。通过树立道德理性和公德观念，培养大学生的自律精神，提高其道德素质。通过提高大学生的品格修养，增强大学生的理想信念，培养大学生的科学民主精神和奉献精神。高校通过对大学生进行思想道德、精神品格方面的引导与教育，加强了对大学生行为的规范教育。由此可知，高校进行思想政治教育规范大学生的行为，为大学生整体素质的提高奠定了坚实的基础，有效地促进了大学生的全面发展。

（二）高校思想政治教育提出新课题

实现共产主义是一个漫长的过程，实现大学生的自由全面发展也同样是一个漫长的过程，其中每一个人、每一代人的发展，都是这一漫长过程的重要环节。因此，只有重视日常学习与生活中的点滴教育，循序渐进，才能最终实现大学生的全面发展。这个过程也是一个实践的过程，实践过程中主客观条件的变化会引起新情况和新问题的出现。因此，要增强高校思想政治教育的针对性与实效性，就必须重视对这些新情况和新问题的研究和解决，只有使高校思想政治教育的内容、形式和方法紧密联系实际，并且根据客观情况的变化及时进行改进与完善，才能真正提高思想政治教育的针对性与实效性，更好地促进当代大学生的全面自由发展。

马克思主义关于人的全面发展理论是马克思主义理论学说的重要组成部分。实现人的全面发展不仅是社会发展的根本目标，也是高校思想政治教育的目的与归宿。高校是培养全面发展的高素质人才的摇篮，高校思想政治教育不仅在大学生对于社会主义发展方向的适应中起着决定性作用，也在大学生获得知识和培养能力的过程中起到重要作用，是实现人的全面发展的重要途径。

大学生的自由全面发展为高校思想政治教育提出了新课题，因此，高校思想政治教育必须以马克思主义关于人的全面发展理论为指导并将其贯穿教育的始终，以转变人的思想、提高人的主体性为目标，通过满足人的需求、提高人的素质、活跃人的思想、振奋人的精神、增强人的凝聚力来充分调动与发挥人的积极性、主动性和创造性，最终推动人的全面进步。

第二节　基于全面发展理论的高校思想政治教育体系构建

要增强思想政治教育的实效性与针对性，通过思想政治教育促进大学生全面自由的发展，就必须将高校思想政治教育体系构建与全面贯彻马克思主义关于人的全面发展理论有机结合起来，将以人为本的教育方针与全方位改进大学生思想政治教育有机结合起来。在开展思想政治教育的过程中，真正做到尊重大学生的主体性地位，使思想政治教育在人才培养中起到应有的作用。要提高思想政治教育的实效性，必须全面构建立足于实现大学生全面发展的高校思想政治教育体系。

一、思想政治教育内容

思想政治教育内容是构成思想政治教育体系的重要部分，只有根据社会经济发展的需要，坚持以人为本的教育方针，以实现大学生的全面自由发展为目标来选择思想政治教育内容，才能够建立起科学合理的高校思想政治教育体系。

（一）思想政治教育目标的设定

传统的思想政治教育目标出现同质化的高度模式化和理想化，传统的思想政治教育目标与马克思主义关于人的全面发展理论之间存在一定的落差，按照同质化的模式只能够培养同质化模式的人才，违背了以人为本的理念，模糊了人的个体，也导致高校思想政治教育不能达到良好的效果。要提高大学生思想政治教育的实效性，必须坚持以人为本的教育理念，以促进大学生实现全面自由发展为立足点来拓展目标的深刻内涵，还应该根据社会发展的需要确保实现大学生社会关系的丰富发展，体现出思想政治教育的层次性和时代性。

1. 要拓展思想政治教育目标的丰富内涵

高校实施思想政治教育的根本目标是提高大学生的思想道德素质，确保实现大学生在德、智、体等方面的全面自由发展，并将大学生的全面发展与社会经济发展的需求全面结合起来，为全面建设和谐社会培养高素质的人才。思想政治教育目标具体包括思想目标、政治目标以及道德目标。思想目标就是通过思想政治教育提高大学生的理论素养，引导大学生树立科学的世界观与人生观，使大学生学会运用马克思主义观点去分析和解决问题；政治目标是指通过思想政治教育培养大学生的政治觉悟和政治素养，提高其政治敏锐性与判断力，使大学生更加坚定社会主义信仰和为实现中华民族伟大复兴而奋斗终生的信念，拥护中国共产党的领导和中国特色社会主义制度。道德目标是指培养大学生的道德认知能力，要求大学生理解并内化社会主义核心价值观，形成一套自我道德规范以及全面建设和谐社会所需要的思想道德品质。由此可知，政治目标并不是思想政治教育的全部，它仅仅是高校对大学生进行思想政治教育的目标之一，所以各高校在开展思想政治教育时，要将思想政治教育立足于全面推进大学生的自由健康成长。

随着社会主义市场经济的快速发展，人的主体性意识也得到空前解放，人们在服务社会的同时更加重视自身合法利益的维护，因此，要树立个人价值与社会价值相统一的思想观念。高校思想政治教育不单是对大学生价值观的一种正确引导，更是促进大学生全面健康发展的一种服务，所以高校思想政治教育必须在服从全面推进和谐社会建设和实现中华民族伟大复兴需要的同时，维护大学生对自身合法利益的追求，更好地满足大学生在个人成长成才过程中的合理需要，从而促进大学生实现自由而全面的发展。

2. 思想政治教育目标要体现层次性

我们在鼓励帮助每个人勤奋努力的同时，仍然不能不承认各个人在成长过程中所表现出的才能和品德的差异，并且按照这种差异给以区别对待，尽可能使每个人按不同的条件向社会主义和共产主义的总目标前进。在确定高校思想政治教育目标时，根本目标是一致的，是由党和国家的大政方针决定的，这是确保人才培养方向的根本问题，是一个根本性、原则性的问题，但每个学生的特点各不相同，必须根据每个学生的具体情况来制定不同的目标，因材施教。思想政治教育只有体现出层次性，才能更好地达到预期的效果。大学生是高校思想政治教育的目标对象，由于家庭情况、生活阅历、思想觉悟以及知识背景等方面不同，大学生的思想政治状况不同，从而导致其思想发展的需求也有所差异。

3. 思想政治教育目标要体现时代性

要提高思想政治教育的针对性和实效性，需要在教育内容的设置上体现时代性，也就是必须以大学生思想道德品质发展的需求为依据，并结合时代发展的现状和需要来确定思想政治教育目标。随着知识经济时代的到来，社会日新月异，社会的发展与科学技术的进步必然对人的发展提出新的要求。要培养适应社会经济发展需要的高素质人才，就需要我们在思想政治教育的实施过程中，不仅要充分考虑目前的社会状况，还要立足于社会发展的未来趋势与方向。如果秉持实用主义的原则进行思想政治教育，急功近利，鼠目寸光，仅仅立足于使用思想政治教育去处理当前亟待解决的问题，而没有将思想政治教育的实施与实现大学生的全面发展结合起来，就难以收到良好的教育效果。因而，在制定思想政治教育目标时，必须着眼于知识经济的发展趋势，根据社会发展的趋势来制定思想政治教育目标，为全面推进和谐社会建设培养高素质的人才。因此，在实施思想政治教育时，必须根据大学生思想道德品质的现实状况以及未来的发展需要来确定科学合理的教育目标。唯有使思想政治教育的内容有利于满足受教育者思想道德品质发展的需要，才能最终培养出适应未来时代发展要求的具有高尚思想道德品质的优秀人才。

（二）制定思想政治教育的具体内容

1. 要始终以理想信念教育为核心内容

对大学生进行思想政治教育的目的是为中国特色社会主义建设事业培养高素质的接班人。在思想政治教育内容体系中，政治教育处于首要和支配性地位，它不仅决定着思想政治教育内容体系的性质与方向，也关系着思想政治教育内容的其他方面。所以我们制定思想政治教育的具体内容，必须首先突出政治教育的主导性地位。在社会主义初级阶段的中国，思想政治教育的核心与关键是对大学生进行理想信念教育，而对大学生实施中国特色社会主义理想信念教育，最根本的就是坚持对大学生进行爱国主义、中华民族精神、中国优秀传统文化教育，围绕着如何认识实现中华民族伟大复兴的历史进程、如何认识当前全面推进和谐社会建设的曲折进程、如何认识实现伟大的中国梦对广大人民群众思想的影响、如何认识中国实现和平崛起的复杂环境等重大问题进行深入探讨，从而进一步认识实现中华民族伟大复兴的中国梦的历史必然性，坚定建设中国特色社会主义的共同理想，为早日全面建成和谐社会而努力奋斗。

2. 要不断更新大学生思想政治教育内容

当今社会飞速发展，社会条件的发展变化必然导致大学生群体的思想政治状况产生相应的发展变化，要想增强高校思想政治教育的针对性和实效性，就必须与时俱进，不断更新思想政治教育内容，使之能够适应时代发展的要求。教育者要根据社会经济发展的需求，立足于实现大学生的全面发展，不断提炼和总结能够反映时代需求和人的发展要求的教育内容，使教育内容具有时代性、新颖性和前瞻性，能够培育适应未来社会发展需求的创新性高素质人才。政治教育的内容就是用中国特色社会主义理论的最新成果来武装大学生的头脑，当前就是要对大学生实施社会主义核心价值观教育。随着知识经济时代的到来和全球化趋势的日益加强，一个国家综合实力的提升在很大程度上依赖于创新性人才的培养。因此，高校实施思想政治教育要特别重视培养大学生的国际视野和创新意识，使大学生的知识结构与理论素养能够适应全球化和新媒体时代经济发展的需要，随着社会主义市场经济的快速发展，中国的改革开放已经进入深水区，因而在道德教育的过程中，必须注重公平与合理等社会主义市场经济价值观的理念教育，教育大学生正确认识和处理竞争与合作、效率与公平、自律与他律的关系，引导大学生在参与市场经济的过程中合理实现自己的价值与利益，树立正确的利益观，在追求实现个人利益的同时，不应损害其他人的合法利益，尤其要加强对大学生的社会主义核心价值观教育。

3. 要体现针对性

高校思想政治教育必须适应当前社会经济发展的趋势，才能够不断增强其针对性和实效性。在实施思想政治教育的过程中，必须立足于大学生的年龄、个性特征、思想状况以及身心发展规律等情况。思想政治教育的内容还要反映大学生的实际生活，适应大学生的实际思想道德状况，考虑大学生思想道德品质形成发展的客观规律。应根据大学生自身的思想状况、实际需求以及对社会经济未来发展的预测来选择确定思想政治教育的内容，从而不断提高高校思想政治教育的针对性和实效性。要增强高校思想政治教育的针对性和实效性，必须认识和理解大学生思想状况之间存在的差异。而要想了解和掌握大学生思想实际的差异，则要求我们在进行思想政治教育的过程中，必须区分和认识不同时代、不同大学生群体之间的差异。大学生所处的时代不同，他们的思想状况、利益诉求、政治诉求也必然存在明显的差异。如计划经济时代的大学生，其价值诉求和利益诉求比较单一，而现代大学生处于信息时代，网络技术的便捷性、开放性必然对其思想状况产生巨大的影响，大学生的思想诉求与政治诉求日益多元化。即便处于同一时代，每个大学生也是不一样的，学习经历、社会背景、家庭经历以及性格体质的差异，导致每一个大学生的思想状况的不同。同一个大学生在社会经济发展的不同时代，其政治诉求、利益诉求也是不一样的。因为大学生在思想状况方面存在差异，所以在实施思想政治教育的过程中，务必以大学生的不同思想需求和思想实际为基础和依据来制定思想政治教育的具体内容，同时还应充分考虑社会经济发展的需要，只有将大学生思想的主观差异和社会发展的客观现实相结合，制定出更加科学合理的思想政治教育内容，使思想政治教育的具体内容能够体现时代性与层次性，才能够使思想政治教育的针对性和实效性得到显著增强。

（三）实现大学生全面发展的思想政治教育方法

要提高思想政治教育的针对性和实效性，一定要以实现大学生的全面发展为立足点来选择和确定思想政治教育的方法，通过运用正确的思想政治教育方法来增加思想政治教育的科学性和技术含量。

1. 从单向灌输向双向交流转变，注重教育的互动性

要提高思想政治教育的实效性，必须改变单向灌输的教育方式，调动教育者与被教育者双方的积极性，注重教育的互动性。单向灌输的教育方法是传统思想政治教育的主要方法与基本模式，主要调动了教育者的积极性，而忽视了受教育者的主动性。强制性和单向性是单向灌输教育模式的基本特征。强制性意味着突出教育者的主导性地位和受教育者的接受性地位，也意味着受教育者与教育者的不对等地位与不平等关系；单向性也意味着教育者的主导性地位，教育者按照教育目标对受教育者实施教育，既突出了教育者的积极性和主动性，也显示出受教育者的被动性和服从性。这意味着实施思想政治教育的主体是教育者，受教育者只是教育活动的接受者与被改造者；重点突出了教育者的权威性与主动性，而忽视和抑制了受教育者的主动性、主体性，更没有考虑到受教育者的兴趣爱好和个体性差异。单向灌输教育模式的强制性容易导致受教育者的逆反心理和对抗情绪，这也是传统思想政治教育无法收到理想效果的根本原因。因而，在开展思想政治教育的过程中，必须立足于实现大学生的全面自由发展，全面贯彻以人为本的教育方针，改变传统的单向灌输的教育模式，重视提高受教育者的积极主动性，增强教育者和受教育者的双向互动，以切实提高思想政治教育的针对性和实效性。

2. 把显性教育与隐性教育结合起来，注重教育的渗透性

要提高思想政治教育的实效性与有效性，必须在思想政治教育实施的过程中，重视将显性教育与隐性教育两种教育方式结合在一起，提高思想政治教育的渗透性。显性教育是能够让受教育者明显感受到教育目标的教育方法，如大学生思想政治教育实践中的高校思想政治理论课、就业政策指导课、报告会等，都是显性教育。它的特点是理论系统化、观点科学化，可以把教育内容直接传授给受教育者。而隐性教育则是指在思想政治教育实施的过程中，教育者的教育目标、教育内容不容易被受教育者感受到。隐性教育的形式多样，广泛应用于大学生思想政治教育的各项活动中，既可以是随意性的谈话教育，也可以是有目的的设计教育环境，还可以是有目的地营造的特定文化氛围与环境。它的优点是能够产生潜移默化的教育功能，可以使受教育者在愉快的氛围中接受思想政治教育，避免受教育者产生逆反心理，不仅增强了思想政治教育对大学生的吸引力，而且拓展了大学生思想政治教育的时空范围。

3. 把理论教育与实践教育结合起来，注重教育的实践性

要增强思想政治教育的实效性，就必须在教育的过程中，把理论教育与实践教育全面结合起来，提高思想政治教育的实践性。思想政治教育是指教育者通过一定的方法与载

体，引导受教育者认识自然、认识社会、认识他人、认识自我，并在这一过程中进行理论学习和实践教育活动，不断形成正确的思想认识和理论观点，从而不断提高自身的思想政治素质。我们在实施思想政治教育的过程中，必须坚持对大学生进行理论教育，用中国特色社会主义理论武装大学生的头脑，又要坚持以大学生的实际思想状况为出发点，根据其思想道德状况，实施有针对性的符合大学生特点的思想政治教育活动。在实施思想政治教育的过程中，要坚持对大学生的社会主义核心价值观教育，并且理论联系实际，实施灵活多样、丰富多彩的社会实践教育，在社会实践活动中，引导大学生提高思想认识和政治觉悟，实现知行统一的目标，从而增强思想政治教育的实践性。一是要强化思想政治教育阵地的主渠道作用。加强高校思想政治理论课建设，发挥好课堂教学的主渠道作用。要依据思想政治教育的目标开展思想政治教育，按照党和国家的有关教育方针，有目的、有计划、有针对性地对大学生实施中国特色社会主义理论教育，引导大学生践行社会主义核心价值观，用先进的科学理论武装大学生的头脑，坚持用中国的优秀传统文化教育大学生，引导和帮助大学生树立正确的世界观和人生观，引导大学生在为实现伟大民族复兴的中国梦的社会实践中砥砺思想道德品质。二是要坚持理论与实践并重的原则。不仅要重视思想政治理论教育，更要积极开展符合大学生身心健康发展规律的社会实践教育，提高教育的实践性。这是因为，只重视理论教育，而忽视实践教育，是无法实现高校思想政治教育的有效目标的。理论来源于社会实践，又应用于社会实践，只有引导大学生参加各种社会实践，才能使大学生在社会实践中强化对理论教育的认识，让大学生亲自体会、感悟，真正接触和融入社会，才能使大学生认识到理论的科学性和价值性，才能更好地实现思想政治教育的预期目标，使大学生在社会实践中提高思想道德品质和认识能力。在对大学生进行思想政治教育的过程中，无论是理论教育还是实践教育，在内容与方案的设计上都必须联系社会经济发展的实际和大学生思想道德发展的实际，要勇于贴近大学生的日常生活，敢于直面当前经济和社会发展中的现实问题、敏感问题、复杂问题。尤其是在实施社会实践教育的过程中，千万不要搞形式主义、急功近利，要真抓实干、实事求是，真正发挥出实践教育在思想政治教育过程中的重要作用，增强思想政治教育的针对性与实效性。

4. 把说理和情感结合起来，注重教育的情感性

在思想政治教育实施的过程中，必须重视情感教育的作用。在思想政治教育的具体实践中，首先必须向学生清晰地传达思想政治教育内容。增强思想政治教育的实效性，必须依靠教育内容的理论性、科学性与真理性；只有确保理论的科学性、系统性和规范性，才能在教育的过程中，达到以理服人的目标。思想政治教育的具体实践说明，思想政治教育是以中国的优秀传统文化和中国特色社会主义理论为指导和核心的科学的、革命的理论学

说。思想政治教育就是要用在全面建设小康社会的实践中的最新理论成果，用中国特色社会主义理论来武装大学生的头脑，用社会主义先进文化感染、教育学生，对大学生进行社会主义核心价值观的正面宣传教育，达到以理服人的教育目标。当前，知识经济迅速发展，全球化进程日益加深，各种社会思潮在社会上广泛传播，教育工作者一定要将思想政治教育的具体实践与当前社会发展的实际情况结合起来，摆事实、讲道理，引导学生在社会实践中学习真理、巩固真理性认识，教会学生明辨是非，自觉抵制错误思想的侵蚀，选择正确的思想理论与价值观。这不仅是在思想政治教育的过程中贯彻以人为本的教育理念，也是立足于实现人的全面发展。这是教育工作者的一项重要社会责任。在实施思想政治理论教育的过程中，期待学生掌握全部理论是不符合实际的，必须引导学生掌握理论的实质和精髓，可以举一反三、活学活用到社会实践中去，注重思想政治教育的情感性，从而增强思想政治教育理论的说服性，这既是理论的真理性所在，也是让受教育者受益终身的事情。

二、以人为本的教育环境

思想政治教育环境是确保实现思想政治教育目标的关键因素。提高思想政治教育的针对性与实效性，必须立足于实现大学生的全面发展，贯彻以人为本的教育理念，积极营造以人为本的思想政治教育环境。

（一）营造以人为本的育人环境

人创造环境，同样，环境也创造人。环境对大学生思想政治素质的形成具有潜移默化的作用，现代人的思想政治觉悟、道德品质和社会价值观都是在社会环境与其他社会因素的共同作用下形成的。

和谐有序、健康向上的思想政治教育环境对人思想道德品质的形成具有导向、激励和感染作用。因此，在实施思想政治教育的过程中，要重视发挥思想政治教育环境对实现思想政治教育目标的重要作用，以实现大学生全面自由发展为教育目标，营造以人为本的思想政治教育环境，建立以人为本的思想政治教育体系，确保实现思想政治教育的预期目标。

（二）创建平安健康校园

良好健康、积极向上的校园舆论环境可以提高大学生思想政治教育的实效性，能够克制大学生思想状态发展的反复性，有利于更好地实现思想政治教育的预期目标。舆论环境是指在一定的社会空间中形成的人们关于某一观念、认识、情感和意志的舆论氛围。大学生思想政治教育的具体实践与活动都和一定的舆论环境密切相关，与教育目标协调一致的舆论环境有利于实现思想政治教育的预期目标。良好的舆论环境不仅是确保高校思想政治教育效果的外在因素，也是高校思想政治教育实效性的有力保证。

建设和谐健康的校园舆论环境，首先要求高校的理论宣传坚持正确的舆论导向，不断宣传社会主义核心价值观和社会主义先进文化，避免错误的舆论对大学生价值取向的形成产生误导作用。一是要在全校营造有利于全面推进和谐社会建设与实现中华民族伟大复兴中国梦的舆论环境。营造有利于继续深化改革开放的舆论，有利于推进社会主义先进文化建设和实现中国传统文化复兴的舆论，有利于激励大学生为全面建成小康社会而努力奋斗的舆论，有利于大学生践行社会主义核心价值观，弘扬中华民族传统美德的舆论，有利于实现民族团结、平等互助、社会和谐、实现国家繁荣发展的舆论。二是要加强社会主义核心价值观教育，强化理论的正面教育功能，用先进事迹鼓舞人、教育人。要充分认识大学生的思想现状以及精神需求，设计安排有关大学生全面健康发展的专栏，创作和宣传大学生喜闻乐见的优秀作品，强化有利于大学生树立社会主义核心价值观的正能量教育，通过宣传大学生身边的先进人物、事迹及思想行为来教育引导大学生，从而推动大学生思想认识、道德品质与政治素养的提高。三是要正确看待新媒体技术在大学生成长中所起的作用。一方面，要充分利用新媒体技术，不断提高大学生思想政治教育的技术含量，拓展思想政治教育的时空距离；另一方面，在运用新媒体技术加强大学生思想政治教育的同时，更要加强校园网络文化建设，强化对学校网络体系的监督与管理，避免受到各种西方文化与不良社会思潮的消极影响，建设健康向上的高校思想政治教育网络舆论环境。

（三）维护稳定的校园周边环境

校园周边环境是思想政治教育环境的重要组成部分，良好的校园周边环境可以有效增强高校思想政治教育的实效性。良好稳定的校园周边环境有利于大学生形成良好的生活习惯，养成积极向上的道德品质，中国传统文化中"孟母三迁"的故事就向我们展示了良好的周边环境对人良好道德品质的养成以及健康成长的积极作用。要通过法律手段来强化对学校周边文化、娱乐、商业经营活动的管理，坚决打击和取缔扰乱学校正常教学、生活秩序的营利性娱乐场所，依法打击各种犯罪活动，及时处理侵害学生合法权益、身心健康的事件，及时制止和打击影响学校和谐运行、维护社会稳定的恶性事件。校园周边环境与大学生日常学习、生活紧密相关，校园周边环境是否良好和谐、健康向上，直接影响着大学生的健康成长。

随着时代经济的发展，社会环境日新月异，社会上的各种消极因素必然对大学生思想的健康成长造成负面影响。人的思想的成长具有反复性，使得思想政治教育同样具有反复性。要提高思想政治教育的实效性，必须采用多种教育手段和教育方法来巩固思想政治教育效果。社会环境的复杂性和综合性要求教育工作者立足于实现大学生全面健康发展的目标，辩证地分析社会经济发展与时代进步对思想政治教育产生的影响，积极采用现代科学技术手段，提高思想政治教育的技术含量，选择一种或多种教育方法与教育载体，在实施的过程中综合协调，全面贯彻以人为本的教育理念，只有这样全面地、科学地实施思想政治教育，才能使高校思想政治教育全面贴近大学生、更加符合大学生的思想发展规律，真正使得高校思想政治教育的针对性与实效性得到增强，确保实现大学生的全面发展。

第三节　基于全面发展理论的高校思想政治教育实现途径

一、注重教育方法创新

（一）改造传统方法

高校思想政治教育中存在一味灌输的现象，忽视教育对象主体作用的发挥，所以高校思想政治教育应在主体性原则的指导下积极培养大学生的主体个性与主体精神，提升主体人格。在进行思想政治教育时，必须变单向灌输为双向交流，变重视结论灌输为注重过程的训练，变"以教师、教材、课堂为中心"为"以学生、情景、活动为中心"；更多地运用交互式、体验式、渗透式和咨询式的教育方法，给学生独立感知、自主思考、主动体验、积极探索的空间，让学生成为思想政治教育的主动参与者、体验者和探究者。

（二）更新教育手段

高校思想政治教育必须采用多种教育手段，齐头并进，形成教育合力，这样才能更好地促进大学生的全面发展。这就要求高校思想政治教育要利用一切可以利用的手段，通过板报、画廊、广播、电视、网络等多种形式，营造良好的思想政治教育环境，以增强思想政治教育的感染力和影响力。要积极创新，与时俱进，在新的时代和新的条件下探索新方法、新手段；要重视引导学生通过体验、思考、自励、自省等自我教育的方式把自我的感受、体验上升为做人的道理，转化为追求真善美的内在动力。

（三）坚持理论实践相结合

高校思想政治教育既要重视教育的方法，又要重视实践的环节，努力把教育和实践结合起来，相互促进。要将大学生的社会实践活动纳入工作计划，对活动内容提出明确要求，增强计划性，减少随意性，要在提供更加新鲜多样活动的场所、构筑更加宽阔的社会活动平台、创新有组织的多元化的社会考察形式上下功夫，充分利用所在地的教育资源优势，突出地方经济、政治和文化的建设成就，体现多样性和地方特色，要为社会实践活动提供必要的物质保障，确保足够的人力、经费投入和后勤保障，保证社会实践活动有条不紊地进行。要引导学生积极投身社会实践，通过参加公益劳动、社会调查、社会服务、勤工助学等各种社会实践，使学生在实践中增强社会责任感和历史使命感，形成正确的价值取向，在实践中磨炼意志，拓展能力，获得工作经验和实际工作能力，提高就业意识和就业能力，在实践中形成符合社会要求的心理品质，发展和完善人格，实现从自然人向社会人的转化，在实践中发挥自主性和创造性，实现个性的充分而自由的发展。

二、着力教育环境营造

要建立与大学生全面发展相衔接、与大学生成长成才相适应的工作机制，就要整合高校思想政治教育的社会力量，为大学生全面发展营造和谐的氛围。中共中央、国务院下发的《关于进一步加强和改进大学生思想政治教育的意见》中，十分强调大学生思想政治教育的系统性和综合性，强调了营造良好的环境对于大学生成长成才的重要性，为大学生思想政治教育指明了方向。

（一）对接家庭环境

父母是子女的第一位老师。家庭环境不仅影响子女的个性发展，而且对子女的世界观、人生观、价值观的形成和确立都起着重要作用。因此，高校思想政治教育要根据家庭中父母对子女的权威、亲和力，探索建立与家庭沟通的机制，积极开展家庭和学校的沟通和交流。

（二）优化校园环境

大学校园为大学生个性的自由发展提供了广阔的天地，为他们发掘自我个性的潜能创造了条件。高校应遵循优化原则，营造良好的育人环境。

一是坚持依法治校。建立健全科学的规章制度，靠制度施行管理，其本质是使学校的治理法制化、科学化、制度化，以此规范和约束高校的管理行为，培养学生的法律意识，增强法治观念，养成遵纪守法的良好习惯。这既是创建和谐校园的根本保证，也是大学生全面发展的应有之义。二是坚持民主管理，充分发挥学生会等社团联系大学生的桥梁和纽带作用，维护好广大学生的利益，保护好其积极性，开发好其聪明才智和潜能，使学生的主体作用得到应有的肯定和尊重。三是凝练大学精神。大学精神是大学文化的精髓与灵魂之所在，大学精神会不断地浸透到大学文化的行为主体和各种文化载体中，以其特有的导向、凝聚、激励、塑造等功能，在大学发展和人才培养中发挥着重要作用。

（三）融合社会环境

高校思想政治教育仅靠家庭、学校或社会的任何一方面的努力都是难以很好地完成的，必须重视三者的合力作用，依靠全社会的力量，营造积极向上、健康文明的社会环境，以成就大学生的全面发展。

1. 积极宣传社区主流文化

大学生的"三下乡"活动为农村、社区送来了科技和文化，同时也使得大学生自身的思想政治觉悟得到了很大的提升。这些不曾吃苦的学生真真切切地感受到农民的辛苦，也了解到农村的真实面貌，为他们发奋图强、报效祖国打下了深刻的情感基础，这也正是"三下乡"活动的意义之所在。

2. 积极倡导大学生奉献爱心、回报社会

在学生中积极开展"青年志愿者服务日"活动，带领大学生走出校门，到孤儿院、养老院等地方，为孤儿和老人送去温暖，送去自己的爱心。鼓励大学生到附近的社区、街道等开展义工活动，服务社会，服务群众，共同构建和谐社会。通过多姿多彩的社会文化活动，推动和激励大学生们接触社会、关心社会、奉献社会，不但能够促使他们更多地融入社会，也有利于提升他们的整体素质和文化素养。

三、突出教育团队打造

加强高校思想政治教育队伍建设，是改进和加强高校思想政治教育，实现大学生全面发展的重要组织保证和长效机制。根据新形势下改进和加强高校思想政治教育工作的需要，按照提高素质、优化结构、相对稳定的要求，一要加强思政队伍建设，二要抓好特色教育团队组建，三要提升教师的人格魅力。

（一）加强思政工作队伍建设

要注意选拔一批德才兼备的年轻干部，以充实高校思想政治教育工作队伍，并针对思想政治教育队伍的现状，制订培训计划，加大培训力度，为高校思想政治教育工作人员创造良好的学习环境。通过多种途径，使他们的知识不断得到更新，理论水平和业务能力不断得到提高，能够运用现代的思维方式和工作方法做好本职工作。修订有关制度和办法，逐步完善思想政治工作的激励机制，努力建设一支政治强、业务精、作风正的高校思政队伍。

（二）抓好特色教育团队组建

高校思想政治理论课是高校思想政治工作的主阵地，是帮助大学生树立正确的世界观、人生观和价值观的重要途径。高校思想政治教育必须依靠、协同高校思想政治理论课教师队伍，共同建设一支高水平的高校思想政治工作教育教学团队，这对于培养合格的中国特色社会主义事业接班人意义重大。大学生是社会成员中知识层次较高的青年群体，促进大学生的全面发展，必然要求思想政治教育干部教师与时俱进，结合各高校实际，把握大学生特点，组建特色教育教学团队，能够始终走在时代前列，不断研究新情况，阐释新问题，做出新概括，讲出新东西。

（三）提升教育者人格魅力

教师的人格魅力具有深入性、持久性、渗透性的特点，对学生人格的形成起着牵引和感召作用。思想政治工作干部与政治理论课教师要充分利用"春风化雨"的育人优势，在"传道、授业、解惑"中影响学生的心智，提升学生的道德人格境界，要以自己的人格魅力感化学生，通过言传身教来感染和引导学生。思想政治工作干部和政治理论课教师要主动适应社会发展的要求、新时代人才培养的要求、高等教育改革的要求和培养中国特色社会主义事业接班人的要求，主动应对当代大学生身心发展特点，转换角色，把握规律，从自身做起，提升人格魅力影响，由传统教育的"传道、解惑、授业"者转化为学生全面发展的引路人、示范人、参与人。

第六章 大数据技术与教育

第一节 大数据技术理论基础

一、大数据技术的基本概念与分类

（一）大数据及大数据技术的基本概念

大数据首先是数据，其次是具备了某些特征的数据。由于运算量的需求激增，原有的基于单机的运算技术显然已经不能满足需求，这就催生了大数据这一新技术。

所谓大数据技术，就是从各种各样类型的数据中快速获得有价值信息的能力。抽象而言，各种大数据技术无外乎分布式存储+并行计算，具体体现为各种分布式文件系统和建立在其上的并行运算框架。这些软件程序都部署在多个相互连通、统一管理的物理或虚拟运算节点之上，形成集群。因此可以说，云计算是大数据的基础。

大数据时代的数据有以下几个主要特点：

①规模巨大。个人和组织面临着数据量的大规模增长，呈现为海量数据，典型的个人计算机硬盘的容量为 TB 量级，一些大企业的数据量已经接近 EB 量级。目前，大数据的规模尚是一个不断变化的指标，单一数据集的规模范围从几十 TB 到数 PB 不等。此外，各种意想不到的来源都能产生数据。

②类型多样。数据来自多种渠道，如网络日志、社交媒体、互联网搜索、手机通话记录及传感器网等，内容包括所有格式的办公文档、文本、图片、XML、HTML、各类报表、图像和音频/视频信息等。这些数据是多视角的，不仅有正规的数据、媒体新闻数据、时效性的数据，还有带有个人情感的数据。而这些数据又打破了之前限定的结构化数据范畴，包含着结构化、半结构化以及非结构化的数据，并且半结构化和非结构化数据所占份

额越来越大。

③产生速度快。即数据被创建和移动的速度快，时效性要求高，这是大数据区别于传统数据的最显著的特征。在高速网络时代，通过基于实现软件性能优化的高速电脑处理器和服务器，快速创建实时数据流已成为流行趋势。例如，一天之内谷歌公司处理几十 PB 的数据，Facebook 新产生约 10 亿张照片、300TB 以上的日志，淘宝网进行数千万笔交易、产生 20TB 以上的数据，新浪微博的约 3 亿用户可产生上亿条微博。

④价值密度低。随着物联网的广泛应用，信息感知无处不在，数据信息海量，但其价值密度较低。价值密度的高低与数据总量的大小成反比，大数据中无用数据多，但综合价值大。例如，视频数据中，1 小时的视频中有用的数据可能仅有一两秒钟，其余的都是无用数据，价值密度相对较低。因此，如何通过强大的数据挖掘算法更迅速地完成数据的价值"提纯"，是大数据时代亟待解决的难题。

⑤存储要求高。种类多样的数据源，既提供了大量的数据，又带来了科学存储的问题。大数据通常可达到 PB 级的数据规模，因此海量数据存储系统也一定要有相应等级的扩展能力。当前互联网中的数据正向着异质异构、无结构趋势发展，新数据类型不断涌现，用户需求呈现出多样性，但是目前的存储架构却难以解决数据的异质异构、爆炸性增长带来的存储问题，而静态的存储方案又满足不了数据的动态演化所带来的需求，因而在海量分布式存储和查询方面仍然需要进一步研究。

⑥管理复杂。大数据的规模和复杂的结构是传统 IT 架构所面临的直接挑战，传统的数据管理技术已不适合处理海量异构数据。目前可选择的方法包括大规模并行处理架构、数据仓库，或类似 Greenplum 的数据库以及 ApacheHadoop 解决方案等。

（二）大数据技术的主体分类

大数据技术，就是从各种类型的数据中快速获得有价值信息的技术。大数据领域已经涌现出了大量新的技术，它们成为大数据采集、存储、处理和呈现的有力武器。

大数据处理关键技术一般包括大数据采集技术、大数据预处理技术、大数据存储及管理技术、大数据分析及挖掘技术、大数据展现和应用技术（大数据检索、大数据可视化、大数据应用、大数据安全等）。

1. 大数据采集技术

通过 RFID 射频、传感器、社交网络及移动互联网等方式获得的各种类型的结构化、半结构化（或称之为弱结构化）及非结构化的海量数据，是大数据知识服务模型的根本。

大数据采集一般分为两类：一是大数据智能感知层。主要包括数据传感体系、网络通信体系、传感适配体系、智能识别体系及软硬件资源接入系统，实现对结构化、半结构化、非结构化的海量数据的智能化识别、定位、跟踪、接入、传输、信号转换、监控、初步处理和管理等。必须着重攻克针对大数据源的智能识别、感知、适配、传输、接入等技术。二是大数据基础支撑层。主要是提供大数据服务平台所需的虚拟服务器，结构化、半结构化及非结构化数据的数据库及物联网络资源等基础支撑环境。重点攻克分布式虚拟存储技术，大数据获取、存储、组织、分析和决策操作的可视化接口技术，大数据的网络传输与压缩技术，大数据隐私保护技术等。

2. 大数据预处理技术

主要完成对已接收数据的抽取、清洗等操作。①抽取：因获取的数据可能具有多种结构和类型，数据抽取过程可以帮助我们将这些复杂的数据转化为单一的或者便于处理的构型，以达到快速分析处理的目的。②清洗：大数据并不全是有价值的，有些数据也不是我们所关心的内容，而另一些数据则是完全错误的干扰项，因此要对数据过滤"去噪"，从而提取出有效数据。

3. 大数据存储及管理技术

大数据存储与管理技术就是要用存储器把采集到的数据存储起来，建立相应的数据库，并进行管理和调用，重点解决复杂结构化、半结构化和非结构化大数据管理与处理的技术，主要解决大数据的可存储、可表示、可处理、可靠性及有效传输等几个关键问题，包括开发可靠的分布式文件系统（DFS）、能效优化的存储、计算融入存储、大数据的去冗余及高效低成本的大数据存储技术；突破分布式非关系型大数据管理与处理技术，异构数据的融合技术，数据组织技术，研究大数据建模技术；突破大数据索引技术；突破大数据移动、备份、复制等技术；开发大数据可视化技术；开发新型数据库技术（数据库分为关系型数据库、非关系型数据库以及数据库缓存系统。其中，关系型数据库则包含传统关系数据库系统以及 NewSQL 数据库开发大数据安全技术；非关系型数据库主要指的是 No-SQL 数据库，分为键值数据库、列存数据库、图存数据库以及文档数据库等类型）；改进数据销毁、透明加解密、分布式访问控制、数据审计等技术；突破隐私保护和推理控制、数据真伪识别和取证、数据持有完整性验证等技术。

4. 大数据分析及挖掘技术

大数据分析技术包括改进已有数据挖掘和机器学习技术；开发数据网络挖掘、特异群组挖掘、图挖掘等新型数据挖掘技术；突破基于对象的数据连接、相似性连接等大数据融合技术；突破用户兴趣分析、网络行为分析、情感语义分析等大数据挖掘技术。

数据挖掘就是从大量的、不完全的、有噪声的、模糊的、随机的实际应用数据中，提取隐含在其中的人们事先不知道但又是潜在有用的信息和知识的过程。数据挖掘涉及的技术方法很多，有多种分类法。根据挖掘任务可分为分类或预测模型发现、数据总结、聚类、关联规则发现、序列模式发现、依赖关系或依赖模型发现、异常和趋势发现等；根据挖掘对象可分为关系数据库、面向对象数据库、空间数据库、时态数据库、文本数据源、多媒体数据库、异质数据库、遗产数据库以及环球网 Web；根据挖掘方法可粗分为机器学习方法、统计方法、神经网络方法和数据库方法。机器学习法可细分为归纳学习方法（决策树、规则归纳）、基于范例学习、遗传算法等。统计方法中，可细分为回归分析（多元回归、自回归）、判别分析（贝叶斯判别、费歇尔判别、非参数判别）、聚类分析（系统聚类、动态聚类）、探索性分析（主元分析法、相关分析法）等。神经网络学习法方法，可细分为前向神经网络（BP 算法）、自组织神经网络（自组织特征映射、竞争学习）等。数据库方法主要是多维数据分析或 OLAP 方法，另外还有面向属性的归纳方法。

从挖掘任务和挖掘方法的角度，要着重突破以下几个方面：

①可视化分析。无论对于普通用户或是数据分析专家，可视化都是数据最基本的功能。数据图像化可以让数据自己说话，让用户直观地感受到结果。

②数据挖掘算法。图像化是将机器语言翻译给人看，而数据挖掘的对象就是机器的母语。分割、集群、孤立点分析等算法在能够应付大数据的量的同时，还要具有很高的处理速度。

③预测性分析。预测性分析可以让分析师根据图像化分析和数据挖掘的结果做出一些前瞻性判断。

④语义引擎。语义引擎需要设计足够的人工智能，从而能够从数据中主动地提取信息。语言处理技术包括机器翻译、情感分析、舆情分析、智能输入、问答系统等。

⑤数据质量和数据管理。数据质量是数据管理的最佳实践，通过标准化流程和机器对数据进行处理，可以确保获得一个预设质量的分析结果。

5. 大数据展现与应用技术

可视化来源于英语的印 visualization，原意是形象化显示（显像化或图示化）。数字技术中的可视化最先是指科学计算可视化，即运用计算机图形学的原理方法，将科学、工程等计算产生的大规模数据转换为图形、图像来直观显示，之后又衍生出数据可视化、信息可视化、知识可视化等概念。数据可视化研究数据视觉表征形式，以一种概要形式抽取信息（包括信息的属性和变量等），给人以视觉冲击。而视觉是人类最重要的信息获取通道，人类的大脑有一半以上的功能用于视觉感知]，当数据被图形取而代之展现在人的眼球下时，可以降低人类的脑部认知负荷，从而使人们快速地吸收理解数据。数据可视化借助图形化手段融入美学来传递信息，数据可视化的概念一直处于不断演变之中，其边界也在不断扩大，目前学界已存在多种数据可视化的定义，从广义的角度来讲数据可视化包括了比较成熟的科学可视化和较年轻的信息可视化以及知识可视化。从狭义的角度来说，数据可视化是指运用计算机图形学知识和图像处理技术将大型数据集中的数据以可交互式图形图像的方式来展现的理论、方法和技术。

当前，信息技术发展推动教育领域的数据以指数级增长，形成教育数据的海量存储，教育领域进入大数据时代。所谓教育大数据是大数据的一个子集，是在教育教学和校园活动中产生，在教育管理和科学研究活动中采集，对推动教育发展有巨大潜在价值的数据集合啊。对在线学习系统数据进行可视化研究，进而发掘数据背后的价值，能够帮助学生高效学习，同时可以惠及教师、家长、教育管理者等，在提升教育质量、促进教育公平、提升教育服务等方面存在巨大研究价值。

二、大数据技术的社会价值

（一）大数据引领电子商务发展

可靠性数据是进行大数据分析的基础，其潜力价值与挖掘度是成正比的。大数据在经济上的应用依赖于规模效应，企业需要树立大数据竞争的理念，发掘并扩大大数据的价值，以此提高企业产品的品牌忠诚度。在此过程中，大数据在电子商务发展中的应用，可表现在商家以自身的产品品牌为基础，构建一种网络互动平台，紧密连接企业、员工及消费者三者之间的关系，及时处理该平台反馈的数据信息，并采取合理、有效的措施，从而建立三者之间的平衡关系。

大数据的社会性体现在它是将消费者集聚成一个具有共性的群体，使网络互动变成惯性。大数据营销模式的生成，是将相关数据信息进行集合、分析，并以此为基础，寻求个性化商品的开发和营销方式的创新，继而促进消费行为的产生。

（二）大数据促生新型媒体

媒体机构在保持传统媒体优势的基础上需要讲求循序渐进的原则，切忌盲目追风，具体可向三个方面开展：一是奠定大数据资产基础。当前媒体大数据资产的积累主要来源于原创内容数字化和历史数据的整合，除却媒体自身数据，还可采取与互联网平台企业合作的方式，购买或交换用户的相关数据信息，以达到数据扩充的效果，从而奠定广泛的媒体大数据资产基础。二是提升大数据的处理能力。购置相关数据处理设备，与技术型企业通力合作，以提升媒体自身的数据应用能力；实施人才养成计划，培养一批核心骨干，建立智能化商业模式，研发新品，助力企业运营，部署符合时代发展需求的战略，进而提升媒体广告所产生的效果。三是大数据辅助媒体报道。充分理解并应用数据新闻学，深度挖掘数据的集合背景，建立各环节之间的关联模式，运用可视化手段实现与观众的互动，完善媒体服务的质量。

（三）大数据推动医疗事业创新

大数据对医疗新品研发的推动作用，主要体现在降低产品研发成本上。医疗新品研发企业可通过建立数据模型，计算投入与产出的比例，优化资源配置，收集药物临床实验的相关数据信息，以数据模型的形式进行展示、分析，从而预判产品的安全性、有效性，择取最优药物产品，在降低研发成本的同时，缩短产品研发时间。医药研发企业还可借助数据在媒体方面的影响，更快地将新品药物推向市场，以现实数据为依据，提升自身品牌的知名度，获取消费者的认可。

大数据为医疗服务模式的创新指明了思路。数据将贯穿整个医疗服务过程，通过整理分析患者的临床数据信息，处理医疗保险数据集，提升付费方的医疗决断力，从而有利于医疗服务方更好地采取医疗行为。大数据集的使用大大改善了社会公众的健康，通过建立世界各地的电子病例数据库，医疗卫生部门能及时监测疫情发展状况，从而采取有效的控制措施，减少医疗索赔的支出，降低传染病的扩展率。大数据的应用还可为公众提供及时、准确、有效的健康咨询服务，提高公众健康的风险意识，为人们创造更美好、更健康的社会生活环境。

（四）大数据促进教育变革

①大数据教育的先进性。自古以来，教育始终是整个社会关注的焦点，其代表着整体社会未来的发展方向。从本质上来看，大数据与传统数据的区别在于采集来源与应用方向的不同。传统数据的采集方式主要分为考试或调查两种，具有一定的周期性、阶段性，相关数据信息存在一定的缺陷。而大数据的采集是过程性的，其对学生的现实状况了解更为全面、具体且真实度更高，有利于教育工作者产生更有效的教育行为。

②大数据教育模式的建立。大数据教育模式的建立，需要注意以下两方面的要素：第一，全面对学生进行评估。从日常的教育活动中不难看出，学生获取良好成绩的方式主要分为两种：一种是依靠优越的逻辑思维能力；另一种则是依靠良好的记忆能力。后者对培养学

生出色的逻辑思维能力没有任何帮助，却可以隐藏学生在学习过程中表现出的不足和风险。大数据在教育行为中的应用则可以清晰地明辨这两者之间的区别，为教育工作者因材施教提供了有力保障。第二，对学生的学习行为进行积累监测。在课内，大数据教育模式可以监控学生的整个学习流程，在自然的状态下，体现学生的学习状态，教育工作者可借助对数据信息的变动分析，了解课堂改造教学的效果，进而对不足之处进行完善；通过对学生学习行为的记录数据分析，分化不同学生对相关知识的掌握程度和兴趣所在，从而开展多样性的课堂教学活动。在课外，学校可通过数据信息处理工具，将学校的一些活动通知反馈给家长，家长使用手机或电脑进行接收，并将学生各阶段的家庭学习情况反馈给学校，可以使学校更好地掌握学生的学习状态，从而为学生营造一种轻松、愉悦的学习环境。

三、大数据技术的应用领域与方向

随着大数据的应用越来越广泛，应用的行业也越来越普遍，许多组织或者个人都会受到大数据剖析的影响，那么，大数据是怎样帮助人们挖掘出有价值的信息呢？下面就来看看九个价值极高的大数据的应用，这些都是大数据在剖析应用上的关键领域。

（一）理解客户、满足客户服务需求

大数据在这一领域的应用是最广为人知的，重点是怎样应用大数据更好地了解客户以及他们的喜好和行为。为了更加全面地了解客户，企业极度喜欢收集他们社交方面的数据、浏览器的日志和传感器的数据等。例如，通过大数据的应用，电信公司可以更好地预测出流失的客户，沃尔玛则更加精准地预测哪个产品会大卖，汽车保险行业会了解客户的需求和驾驶水平，政府也能了解到选民的偏好。

（二）优化业务流程

大数据能够帮助优化业务流程，其中应用得最广泛的就是供应链以及配送路线的优化，在这两个方面，通过地理定位和无线电频率的识别追踪可以制订更加优化的路线。人力资源业务也可通过大数据的剖析来进行改良，其中就包括了人才招聘的优化。

（三）大数据正在改善我们的生活

大数据不只是应用于企业和政府，同样也适用于生活中的每个人。例如，可以利用穿戴的装备（如智能手表或者智能手环）生成最新的数据，让人们根据热量的消耗以及睡眠模式来进行追踪，还可以利用大数据剖析来寻找爱情，大多数交友网站就是利用大数据技

术来帮助需要的人匹配合适对象的。

（四）提高医疗水平

大数据的计算能力可以让人们在几分钟内就解码整个 DNA，并且制订出最新的治疗方案，同时，可以更好地去理解和预测疾病，就好像人们戴上智能手表等可以形成数据一样，大数据同样可以帮助病人对于病情进行更好的治疗。大数据技术已经在医院应用于监视早产婴儿和患病婴儿的情况，通过记录和剖析婴儿的心跳，医生就可以针对婴儿身体可能出现的不适症状做出预测，从而帮助医生更好地救助病儿。

（五）提高体育成绩

现在许多运动员在训练的时候也应用大数据剖析技术。例如，用于网球比赛的 IBM Slam Tracker 工具，是通过视频剖析来追踪比赛中每个球员表现的，而运动器材中的传感器技术（如篮球或高尔夫俱乐部）可以让我们获得比赛的数据，从而提高体育成绩。许多精英运动队还通过使用智能技术来追踪队员的营养情况以及监控其情感情况。

（六）优化机器和设备性能

大数据剖析可以让机器和设备在应用上更加智能化和自主化。例如，大数据工具曾被谷歌公司用来研发自驾汽车。丰田的普瑞就配有相机、GPS 以及传感器，能够做到无人驾驶。大数据技术还可以用来优化智能电话。

（七）改善安全和执法

大数据已经广泛应用到安全执法的过程中。例如，企业应用大数据技术防御网络攻击；警察应用大数据工具捕捉罪犯；信用卡公司应用大数据工具预防敲诈性买卖。

（八）改善我们的城市

目前，大数据已被应用于改善城市生活。例如，基于城市的实时交通信息，利用社交网络和天气数据来优化最新的交通情况。

（九）金融买卖

大数据在金融行业主要是应用于金融买卖。高频买卖（HFT）是大数据应用得比较多的领域。现在许多股权的买卖都是基于大数据算法进行的，这些算法越来越多地考虑了社交媒体和网站新闻的建议。

以上是大数据应用最多的九个领域。随着大数据的应用越来越普及，还会出现许多新的大数据应用领域以及新的大数据应用。

第二节　大数据技术与现代教育

一、大数据技术与教育的关系

大数据是信息技术最新发展成果的典型代表，是工业 4.0 时代各行业新一轮重大变革的主要推手，对教育行业也产生了重大影响。基于大数据的个性化教学、科学化评价、精细化管理、智能化决策、精准化科研等，将对促进教育公平、提高教育质量、培养创新人才具有不可估量的作用。

（一）驱动教学模式重塑

传统的教学模式映射了工业化时代标准化、规模化的生产方式特征，以"教师、教材、课堂"为中心的"三中心"教学模式，注重学科知识体系的构建和教师的主导地位，强调课堂上知识的单向传授，虽然成功地解决了工业社会发展所需要的大规模知识型、技能型人才培养问题，但很大程度上忽略了学习者的个性化需求。

随着大数据在教育领域的应用，我们可以更精细地刻画师生教与学的特点，并有针对性地推送教学内容与服务，从而促使教学能够更有效关注个体，真正实现因材施教，培养出符合信息化时代所需要的个性化、创新型人才。例如，大学可以针对多元化的学生结构，采用"学位罗盘"个性化课程推荐系统，利用学习分析技术分析匹配对象的过往成绩与课程表之间的相关性，预测该学生未来在该课程取得的成绩，从而帮助每个学生选择最适合自身发展的课程，最终达到提升学业表现的目的。

（二）驱动评价体系重构

教育评价是提高教育教学质量的有力手段。传统教育评价重视学生的考试成绩，忽视了学生的综合素质和个性发展，忽视了学生进步和努力的程度，忽视了诊断和改进。

大数据使评价内容更加多元化，不再仅注重学生的学习成绩，更加关注其身心健康、学业进步、个性技能、成长体验等方面。评价内容从单纯对知识掌握状况的评价，转向知识、能力和素养并重的综合性评价；评价方式从传统的一次性、总结性评价，转向过程性、伴随性评价；评价手段从试卷、问卷，转向大数据采集分析系统。随着多种基于云的学习平台、学习终端的广泛应用，收集学生的过程性学习数据如学习行为、学习表现、学习习惯等成为可能。通过分析挖掘学生学习的全过程数据，可为学生的自我发展、教师的教学反思、学校的质量提升等提供基于数据的实证分析支持。

（三）驱动研究范式转型

教育科学的研究旨在为教育教学实践提供服务，其成果可直接作为改进教育实践的依据。

在传统的教育科学研究中，质性研究居多、量化研究较少，理论演绎居多、实证研究较少。虽采用了观察法、调查法、统计法等实证研究方法，但由于技术和手段的局限，往往只能采用抽样思维来进行局部样本的研究，且研究反馈具有滞后性，难以满足实际教育教学实践的需求。

大数据时代，对教育数据的分析将走向深层次挖掘，既要注重相关关系的识别，又要强调因果关系的确定，通过数据分析技术发现教育系统中实际存在的问题，比传统研究范式更能准确评价当前现状、预测未来趋势。例如，通过对大规模的开放在线课程平台的教学视频操作行为进行分析，从中探寻学习者在学习过程中的若干共性，并对这些共性与视频课程的呈现内容和方式进行相关分析，可以作为后续改善教学内容设计及呈现方式的重要依据。

（四）驱动教育决策创新

学习分析与数据挖掘技术的进步促使教育决策更加精确与科学。随着决策方式从"基于有限个案"向"基于全面数据"转变，教育决策也从经验型、粗放型向精细化、智能化转变。

对教育大数据的全面收集、准确分析、合理利用，已成为教育决策创新的重要驱动力。美国国家教育统计中心通过应用大数据技术，创建了学生学习分析系统。借助这一系统，政府能够对各类学校学生的学习行为、学业成就、生源规划、家庭背景等海量信息进行深度挖掘，并以此作为美国联邦政府及各州衡量教育发展、分配教育资源、促进教育改革的重要依据。

（五）驱动教育管理变革

当前，在学校和教育机构中，教育管理者由于无法及时掌握教学与管理综合情况，因此难以对教育系统进行动态监管。随着大数据时代的到来，对教育大数据进行深入挖掘和分析，将数据分析的结果融入学校的日常管理与服务之中，是为师生提供精细化与智能化服务的基础。

以校园网络安全监管服务为例，美国康涅狄格大学利用大数据技术分析校园网站、应用程序、服务器及移动设备等产生的日常数据，并通过对海量日志文件的数据进行深度挖掘，从而监测与定位用户的如非法入侵、滥用资源等异常行为，帮助教育管理人员全面掌握潜在问题与威胁，大幅提升校园网络系统的安全防护能力。

二、大数据技术与教育交集的领域

（一）革新教育理念和教育思维

随着大数据时代的来临，教育大数据正深刻改变着教育理念、教育思维方式。新的时代，教育领域充满了大数据，学生、教师的一言一行，学校里的一切事物，都可以转化为数据。当每个在校学生用计算机终端进行学习时，包括上课、读书、写笔记、做作业、发微博、进行实验、讨论问题、参加各种活动等，这些都将成为教育大数据的来源。大数据比起传统的数字具有深刻的含义和价值。例如，对于一张试卷、一次考试，考试得分为90分，它只是简简单单的一个传统的数字，但如果换一个角度来分析，把它作为一个数据来看待，就可以得到其背后所隐含的许多充满想象力的数据信息：可以是每一大题的得分，每一小题的得分，每一题选择了什么选项，每一题花了多少时间，是否修改过选项，做题的顺序有没有跳跃，什么时候翻卷子，有没有时间进行检查，检查了哪些题目，修改了哪些题目等。这些信息远远比一个90分要有价值得多。不单是考试，课堂、课程、师生互动的各个环节都渗透了这些大数据。教育将不再是靠理念和经验来传承的社会科学，大数据时代的教育将步入实证时代，变成一门实实在在的基于数据的实证科学。大数据使教育者的思维方式发生了深刻变化，传统的教育大多是教育主管部门和教育者通过教学经验的学习、总结和继承来展开的，但是有些经验是不具有科学性的，有时会影响人们的判断。

大数据时代可以通过对教育数据的分析，挖掘出教学、学习、评估等符合学生实际与教学实际的情况，从而有的放矢地制定、执行教育政策，制定出更符合实际的教育教学策略。

（二）实现个性化教育

大数据带来的一个变化在于，使实施个性化教育具有了可能性，真正实现从群体教育转向个体教育。利用大数据技术，我们可以去关注每一个学生个体的微观表现，如他在什么时候翻开书，在听到什么话的时候微笑点头，在一道题上逗留了多久，在不同学科的课堂上提问多少次，开小差的次数为多少，会向多少同班同学发起主动交流，等等。这些数据的产生完全是过程性的，包括课堂的过程、作业的过程、师生或生生互动的过程等，是对即时性行为与现象的记录。通过这些数据的整合，能够诠释教学过程中学生个体的学习状态、表现和水平，而且这些数据完全是在学生不知不觉的情况下被观察、收集的，只需要一定的观测技术与设备的辅助，而不影响学生任何的日常学习与生活，因此，其采集过程非常自然、真实，可以获得学生的真实表现。大数据技术将给教师提供最为真实、最为个性化的学生特点信息，教师在教学过程中可以有针对性地因材施教。例如，在课堂学习过程中，哪些学生注意基础部分，哪些学生注意实践内容，哪些学生完成某一练习，哪些学生可以阅读推荐书目，等等。不仅如此，当学生在完成教师布置的作业时，也能通过数据分析强化学习。例如，通过电子设备做作业时，某一类型的题目有几次全对，就可以把类似的题目跳过；如果某个类型的题目犯错，系统则可进行多次强化。这样不仅提高了学习效率，也减轻了学生的学习负担。

（三）重新构建教学评价方式

在教学评价中应用大数据，可以从技术层面来评价、分析教学活动，进而提升教学活动的效果，从依靠经验评价转向基于数据评价。教学评价的方式不再是经验式的，而是通过大量数据的"归纳"找出教学活动的规律，更好地优化、改进教学过程。例如，新一代的在线学习平台，具有行为记录和学习诱导的功能。通过记录学习者鼠标的点击能力，可以研究学习者的活动轨迹，发现不同的人对不同知识点有何不同反应，用了多长时间以及哪些知识点需要重复、哪些知识点需要深化等。对于学习活动来说，学习的效果体现在日常行为中，哪些知识没有掌握、哪类问题最易犯错等成为分析每个学生个体行为的直接依据。通过大数据分析，还可以发现学生思想、心态与行为的变化情况，可以分析出每个学生的特点，从而发现优点、规避缺点、矫正不良思想行为。此外，大数据通过技术手段记录教育教学的过程，实现了从结果评价向过程性评价的转变。

例如，基于网络学习平台或电子课本，能记录下学生完成作业情况、课堂言行、师生互动、同学交往等数据，教师在期末时将这些数据汇集起来，就有了更加丰富的素材与数据依据，可以发现学生在学习成长过程中的特点，能对学生的发展提出建议。同时，这些数据也可以促使教师进行教学反思，从而促进和优化教学实施过程。

（四）加强学校基于数据的管理

大数据对于学校管理具有重要的价值，有利于实现学校管理的精确化、科学化。学校管理离不开信息，学校是培养各类专门人才、传授知识和创造知识的场所，拥有众多的专业学科，与国内外联系广泛，每天进行着各种教学、科研及管理活动，蕴藏着十分丰富的信息资源。学校管理中的各种决策和控制活动，如培养目标的确定、教学计划的制订、教学组织指挥、教学质量控制、教学评估、教师管理、学生管理等，都是以大量的数据为基础的，并不断产生各种新的数据，大数据的处理和挖掘对于学校管理具有关键作用。例如，对教务管理、行政管理、科研管理、人事管理、财务管理、后勤管理等各类领域，进行全校系统的规划、梳理，同时，针对重要的管理对象数据，从多个源头、不同方向对同一个对象进行数据记录，数据之间可以互相印证，形成多源的管理对象大数据。此外，大数据分析技术，也为学校网络信息安全管理提供了重要手段。例如，利用大数据分析学校信息网络运行日志数据，据此学校信息安全管理人员能够审视网络环境，并观察到故障点的位置，从而帮助他们升级或安装防病毒解决方案，或采取其他安全措施，以提升学校的信息安全防护能力。

第七章 大数据时代高校大学生思想政治教育的内涵及理论

第一节　大数据时代大学生思想政治教育的内涵解读

一、高校思想政治教育的特点

高等教育作为改革开放以来发展起来的一种特殊类型的教育形式，它既有教育的共性，同时又有自己鲜明的个性特色，不仅是专业特色，还包括其他各个层面的特色，尤其是高等教育阶段学生思想政治教育的特色。要想做好高等教育阶段学生的思想政治教育工作，首先必须正确认识和把握高等院校学生思想政治教育的特殊性，同时兼顾大学生个性心理发展特点，以此为依据才能制定正确的思想政治教育的内容、目标、任务和方针，从而进一步促进高等院校的思想政治教育工作取得实效。高校思想政治教育过程作为一种相对独立的教育过程，也有其发展特色，在这一方面，思政教育的研究者已经形成共识。具体而言，有下面几种突出的特点。

（一）高校思想政治教育具有明确的计划性和鲜明的正面性

哲学将世界分为物质和意识，那么就可将环境分为物质环境和精神环境。在社会发展过程中，精神环境表现为一个国家和社会的精神状态、社会面貌、社会风气、进取精神等现象，是一个国家和社会中最活跃、最有潜力、最富有生气的动态系统，是社会发展的整体性精神力量，是社会进步与发展的精神资源，是人全面发展的精神基地，建设一个良好的精神环境是一个国家对人民最基本的价值承诺。物质环境以及精神环境构成了影响人类生存发展的两大环境。其中对人类影响最大的是精神环境，其突出表现就是精神环境对人的思想道德发展的作用最大。在现实生活中，精神环境和物质环境纵横交错，交织在一起，相互叠加。环境对人的影响具有随意性，对人影响的过程往往是盲目的、无序的、随意的，如若不加以控制，很难把握环境影响的方向性，当然其造成的后果也是难以预料的。思想政治教育作为精神世界的组成部分，对人的影响是积极有序的、计划的、条理的。因为思想政治教育是指社会或群体用一定的思想观念、政治观点、道德规范，对其成员实施有目的、有计划、有组织的影响，使他们形成符合一定社会要求的政治思想和道德品质的社会实践活动。简而言之，进行思想政治教育，目的就是将外在的社会要求内化为受教育者的内心信念并推动其产生良好行为。思想政治教育活动的计划性表现在以下几个方面：一是目的性。思想政治教育的目的明确，就是培养社会主义现代化建设者和接班人。二是组织性。思想政治教育由一系列的组织单元构成，这其中包括教材、思想政治工作教育者、思政部门等，通过制订完备的教育计划，努力营造良好的环境氛围，使思想政治教育过程更有成效。三是针对性。高校思想政治教育针对的是受教育者，也就是大学生，并且能够根据大学生精神世界发展的需求及其思想品德发展的实际以及心理发展特点进行教育。

与计划性密切相关的另一个特征是正面性。所谓正面性是指思想政治教育影响总是选择积极的价值内容和最有利于受教育者发展的教育方式。思想政治教育鲜明的正面性要求思想政治教育的内容选择和教育影响都应是积极的、有价值的。中国共产党在不同时期始终坚持思想政治教育的正面性，形成中国人和中国社会发展的强大动力，推动中国社会改革与发展。纵观社会主义中国革命和建设的历史，党的创立和大革命时期，中国共产党人满腔热忱，宣传革命思想、革命理想，马克思主义、共产主义的理想等作为一种全新的世界观和方法论，是先进文化的典型，也是成千上万人民群众抛头颅、洒热血、反帝反封建的强大动力。抗日战争时期，中国共产党所主张和积极宣传的民主主义、爱国主义、统一战线思想、持久战思想、全民抗战思想等成为中国人民众志成城、万众一心、战胜日本法西斯强盗、寻求民族解放的精神动力。在解放战争时期，中国共产党所宣传的争取民主、争取和平的政治主张以及新民主主义土地政策、建设思想，毫无疑问成了人民解放的驱动力量。新中国成立初期，爱国主义的思想政治教育正是推动全国范围内抗美援朝运动的精神动力，也是志愿军战士以劣势装备战胜强大敌人的重要动力源泉。改革开放初期，中国特色的社会主义理论代表中国先进文化，推动中国改革开放，推动中国经济、社会的高速发展。

（二）高校思想政治教育具有复杂性和广泛的社会性

高校思想政治教育的本质性任务是促进大学生群体的全面发展。高校思想政治教育是组成我国思想政治教育的重要一环，是促进我国现代化建设的重要力量，是培养高素质合格人才的根本保证。与高等教育其他内容相比，思想政治教育工作的时间、空间、方法和手段是不同的，具有显著的复杂性特征。高校思想政治教育的复杂性体现在两个方面：一是大学生群体的开放性、自主性。考量到高校思想政治教育主体的个性心理发展特点的开放性和自主性，这不得不使思政教育变得更为复杂。教育过程中必须注重个体性，同时还要注重个体的社会性，这使得高校思政活动必须做到"因人施教"。二是高校的整体性。高校在发展的同时还要帮助个体的成长。哲学中强调的是部分与整体的关系，所以在处理高校思想政治教育的过程中也应该考量整体性发展。

高校思想政治教育还体现出广泛的社会性特点。其表现在两个方面：一是在思想政治教育的内容上具有广泛的社会性；二是在思想政治教育的方法上具有广泛的社会性。当然，在发挥社会性特点的同时，还要结合高校思想政治教育的政治性展开。

政治性与社会性是思想政治教育的两个重要属性。两者在前提、地位以及实现功能上存在着差别，思想政治教育的政治性和社会性是相互联系、有机统一的。在实践中，我们要合理地把握思想政治教育的社会性与政治性之间的关系，加强思想政治教育的政治性，防止思想政治教育的"泛社会化"；合理利用思想政治教育的社会性，提升思想政治教育的实践效果；正确结合思想政治教育的政治性和社会性特征，实现两者在现实功能上的有效整合。

（三）高校思想政治教育具有积极引导性和明显长期性

高校思想政治教育是一项育人工程，它的好坏关系到我国现代化建设质量的好坏。高校思想政治教育工作具有明显的正面引导性。这种引导性体现在思想政治教育的内容、手段、方针等各个方面，要求对大学生的思想、政治、道德等方面的发展做到正面引导。积极的正面引导有利于大学生形成高尚的道德情怀，有利于构建大学生科学的世界观、人生观、价值观。

高校思想政治教育还是一项长期性和坚持性的教育活动。高校思想政治教育是在长期生活实践中逐渐形成的，是一个渐进性的过程。这种长期性一方面要求教育者坚持高校思想政治教育活动的系统性和连续性，另一方面要求受教育者坚持将教育内容本身化，并将这一活动坚持下去。

当然，在高校思想政治教育的发展完善过程中还会出现新的特点，需要我们时刻把握思想政治教育的发展动态。

二、大学生思想政治教育的基本规律

规律就是关系，本质的关系或本质之间的关系。思想政治教育过程有其自身固有的规律。其规律也就是思想政治教育过程中诸要素之间的本质联系及其矛盾运动的必然趋势。规律具有客观性，思想政治教育过程的规律同样是不以人的意志为转移的，不管人们是否意识到它，它都在起作用。规律是事物发展中本身所固有的、必然的、本质的、稳定的联系，决定着事物发展的必然趋向。人们不能随意创造和改变规律，只能发现、把握和利用规律。

高校思想政治教育过程的规律就是指高校在进行思想政治教育的过程中各要素之间的固有的、本质的、稳定的、必然的联系。高校思想政治教育的规律所揭示的就是各要素之间的矛盾运行及其发展的必然轨迹。它可具体表述为：教育者的教育活动一定要适合受教育者的思想品德状况的规律，简称为"适应超越规律"。它包括两个方面的内容：一方面，高校思想政治教育的层次性要求要根据教育主体的个性心理发展特点和思想道德状况来决定，不同的教育主体应该采取因人而异的教育方式；另一方面，高校思想政治教育工作者与教育主体之间存在互动关系。

具体地理解高校思想政治教育规律，至少应该包含以下几点：

（一）思想政治教育的对象具有广泛性的特点

大学生思想政治教育规律只存在于对大学生这一特殊群体进行思想政治教育过程中。这主要说的就是思想政治教育对象的唯一性。所谓思想政治教育对象的唯一性指的就是思想政治教育客体的唯一，这是针对思想政治教育的广泛性而言。

高校思想政治教育的特点决定了高校思想政治教育必须是"多对一"的关系，即教育内容、教育方法、教育者服务的对象只能是高校大学生群体。超出这一群体，或者超出这一群体的思想道德发展水平的教育都违背了教育的唯一性。

（二）高校思想政治教育过程研究的是教育主体、教育客体、教育环体、教育介体之间的相互联系或相互关系

在实际的思政活动中，教育主体在教育介体中借助教育环体对教育客体施加影响。这其中，教育主体与教育客体通过间接的方式进行互动联系。教育环体与教育介体的优劣都或多或少地影响教育效果的发挥，因此在进行思想政治教育的过程中一定要善于利用教育介体和教育环体。要想发挥高校思想政治教育过程中教育主体、教育客体、教育环体、教育介体的作用，应该做到以下几点：一是要注重发挥教育主体和教育客体的主体性。在思想政治教育实践活动中，无论是教育主体，还是教育客体，都是具有一定社会意识和行为活动能力的人，都具有主体性，在思想政治教育过程中，应该积极促成教育者与受教育者

双向互动。二是要积极发挥教育环体和教育介体的积极性，做到"趋利避害"。

（三）高校思想政治教育的过程是内化与外化相统一的过程

关于内化与外化的含义，理论界已做出了精辟的阐释，外化就是把内化要求的"我要这么做"化为"我已经或者正在这么做"。内外化目标的实现不可能一蹴而就，要分阶段进行。内化分盲从、认同和信奉阶段；外化分明确问题阶段、选择合适的行为方式和实践并养成习惯三个阶段来完成，而且对于内外化的顺利实现，还需要一定的内外部条件。内化的实现途径主要是从注意教育者的影响和选择合适的教育方式这些实现内化的外围方面来探讨；外化的实现主要是在教育者的引导下，调动教育对象的主动性，组织各种形式的社会实践活动，进行强化行为训练。

高校思想政治教育过程是一个完整的整体，一个完整的思想政治教育过程包括内化与外化两个环节。在思想政治教育过程中，内化和外化是辩证统一的。内化是前提，外化是目的，内化是外化的基础，外化是内化的归宿，没有外化，内化就会失去意义；没有内化，外化显得"捉襟见肘"。教育客体实践的依据来源于内化的思想政治素养，教育客体思想政治素养的形成又来源于外化的社会实践。

（四）注重部分与整体的关系，整合各种因素形成合力，发挥系统作用的规律

高校思想政治教育过程是一个整体，这个整体是由教育主体、教育客体、教育环体、教育介体等部分构成。这些部分之间相互协作、和谐相处才有利于思想政治教育过程的整体发挥。在思想政治教育的过程中应该积极发挥各方面的合力，调节各方面活动的积极性。

（五）理论创新和方法创新相统一的规律

兼具理论性和实践性是高校思想政治教育的重要特点。思想政治教育理论要突出实践性，这不仅是时代的需要，更是大学生健康成长的需要。高校思想政治教育过程中教育理论的研究要充分实现该理论的价值，而理论价值得以实现的最有效的方式就是要将其投于实践。实践是检验真理的唯一标准。因此，针对思想政治教育理论的缺失，我们可以尝试将思想政治教育理论与高校实践相结合，在检验理论的同时发展和丰富理论。同时，高校政治教育也要紧紧依靠理论，借助理论的"先知"推动思想政治教育实践的深入研究。这不仅是思想政治教育理论的创新，也会引发思想政治教育实践的发展和创新。思想政治教育活动是一项理论性很强的社会实践活动。我们要牢牢把握这一实践活动和理论活动不动

摇。高校在进行思想政治教育实践的过程中，应该将理论与实践结合，不断丰富和发展理论，创新理论内容和形式。在实践过程中要紧紧把握理论的科学性、现代性、专业性的特点。理论创新和方法创新相统一的规律，是思想政治教育的一条重要规律。

（六）把握好高校思想政治教育过程规律与思想政治教育过程规律、思想政治教育工作规律之间的辨别和区分

高校思想政治教育过程规律与思想政治教育过程规律、思想政治教育工作规律之间的联系在于它们都属于思想政治教育规律体系范畴，教育过程中的内容、方法、手段之间存在共性，它们既有联系，又有区别。

高校思想政治教育过程规律与思想政治教育过程规律的差别表现在：高校思想政治教育过程规律与思想政治教育过程规律的教育、研究对象不同。思想政治教育过程规律的研究对象涉及范围较广，包括社会生活中的诸多群体，诸多阶层；而高校思想政治教育过程规律涉及的对象具有针对性，只针对大学生群体而言。所以，高校思想政治教育过程规律包含于思想政治教育活动过程中，两者是特殊与一般的关系。

高校思想政治教育过程规律与思想政治教育工作规律的差别表现在：思想政治教育工作规律是从教育主体的角度出发，站在教育主体角色上通过整合各种思想政治教育的资源，来有针对性地开展思想政治教育活动；而高校思想政治教育过程规律则并非从教育主体一个角度出发，而是多角度出发，进行规律总结。

三、大数据时代大学生思想政治教育的重要性

大数据时代的到来，全球化、信息化和市场化给正处于社会转型期的中国带来全方位多层次的挑战，应对这种机遇和挑战既是大数据时代的必然要求，也是促进大学生全面发展的必然要求，更是实现教育信息化发展的必然要求。

（一）快速获取和处理学生思想信息，缩短教育准备过程

掌握学生的思想信息是进行思想政治教育的前提和基础，教育者掌握学生思想信息的速度是衡量其能力和素质的重要标志，也是影响思想政治教育的重要因素。及时、快速地获取学生的思想观念和价值取向，能够有效缩短教育准备过程，争取教育时间。在传统思想政治教育中，无论是通过观察、交往，还是调研等方式了解学生的思想状况，都并非一朝一夕可以完成，需要耗费教育者大量的时间和精力。此外，通过各种方式获取的信息最终只有约5%能够结构化并用于传统数据库，其余信息只能依靠人工方式进行整理和分析。

大数据时代的到来从根本上改变了上述状况。首先，大数据技术提高了学生思想信息的获取速度。大数据主要通过获取学生在日常生活中留下的各种电子信息痕迹了解其学习生活和思想状况。这些信息都是即时生成的，因此获取相对省时、高效，省去了其他信息获取方式的繁复过程。其次，大数据技术提高了数据处理速度。长期以来，由于技术水平的限制，快速分析数据对于教育者而言是一项巨大的挑战，而伴随大数据时代不断发展和进步的大数据技术极大提高了数据的处理速度，增加了可以处理数据的数量，使绝大部分结构化和非结构化数据能够进行运算，弥补了传统数据处理方式只能处理结构化数据，所有数据都必须要以传统的数据表格进行排列的缺陷。因此，如果将获取、分析和处理数据的技术有效运用于高校思想政治教育过程，能够尽快掌握学生状况，缩短教育准备过程，减少不必要的时间耗损。

（二）准确把握学生思想动态，便于及时开展教育

教育者准确把握学生思想动态对于开展及时、有效的思想政治教育至关重要，如果对学生的思想状况把握有失偏颇，不仅教育效果会适得其反，更是浪费了教育时机，失去了最佳教育机会。大数据时代的到来为准确把握学生思想动态、及时开展教育提供了强有力的技术支持。

数据是信息的载体，教育者掌握的有用数据越多，便越有可能对学生的思想状况进行准确把握。以教育过程中使用数据的数量为依据，可以将思想政治教育大致划分为无数据时代、样本数据时代和大数据时代。在无数据时代，教育者必须要做到"眼观六路，耳听八方"，花费大量的时间去把握学生的思想动态。即便如此，教育者也只能对全体学生的整体状况和个别重点学生的特殊情况进行大致把握，难以对每个学生的思想状况了如指掌，从而容易导致"一刀切"的教育方式。这不仅压制损害了学生的天资和个性，也难以及时发现和解决存在的诸多隐性问题。同样，这种方式也容易带有教育者的主观预判和思想偏见，获得信息的真实性和准确性难以保证。在样本数据时代，以科学的样本选择和严谨的数据分析为基础的抽样调查虽然具有较高的精确性，但是由于调研本身较强的目的性，获得的数据容易带有刻意或主观的成分。另外，调研过程容易受到诸多不可控因素的影响，如果缺乏严格把关，就有可能出现大量雷同数据、虚假数据等无效信息。

在大数据时代，教育者对学生思想状况相关数据的获取进入了"样本＝总体"的全数据模式，使信息获取和信息把握的准确性大幅度提高。其一，大数据使思想政治教育由宏观走向微观，跟踪每一个学生的数据，掌握每一个学生的准确信息成为可能。其二，大部分数据是在学生不知情的情况下获取的，真实记录了学生的思想、观念、行为、情感，最

大限度减少了思想信息数据获取过程中的干扰因素，提高了信息准确率。其三，由于所有学生的数据都在获取范围内，使得教育者能够从不同角度研究数据的方方面面，一些传统方法无法发现的微观细节得以凸显。总之，大数据时代的到来使教育者能够在了解全体学生整体状况的基础之上，有可能对每个学生的思想政治状况进行准确把握，根据不同学生的具体特点及时开展教育，这无疑会大大提升思想政治教育的时效性。

（三）进行预防教育，利于掌握教育先机

预防教育法是思想政治教育的重要方法之一，所谓预防教育法，就是针对大学生可能出现的思想问题和行为偏向，预先约束和防范的教育方法。预防教育法可以将学生错误的思想和行为扼杀于萌芽之前，防患于未然，这对于掌握教育先机、提高思想政治教育时效性至关重要。

预防教育需要把握两种教育时机。一种是可以预见的各种重要时期，如新生入学时期、毕业生离校时期，或是节日、纪念日、重大事件的发生等。另一种是难以预见的突发状况，如学生突然的思想波动、各类突发群体性事件等。对于前者而言，教育者可以依据经验进行思想预测，有目的地进行思想政治教育。但是教育者对学生思想状况的判定往往建立在假设的基础之上，预测结果的准确性难以保证。对于后者而言，各类突发事件也许没有明显征兆，表面看来似乎无规律可循，教育者的经验便难以发挥作用。教育时机具有短暂性和易逝性，如果教育者没有及时把握学生的思想动向和潜在问题，错过了最佳教育时机，便极有可能产生难以挽回的后果。

大数据分析主要基于两方面，一是面向过去，发现隐藏在数据背后的本质和规律；二是面向未来，对未来的趋势和动向进行预测。而"大数据的核心就是预测"，将数学算法运用于海量数据从而预测事件发生的可能性，是大数据的生命力和灵魂所在。在大数据时代，教育者将抓取到的各类数据通过数据应用平台进行分析和处理，便可以对数据中出现频率较高的关键词进行整理，搜集大学生在思想活动、价值取向、政治行为甚至生活作息、人际交往等方面的动态，从而把握学生思想变化规律，了解学生思想需求，对有可能出现的问题和趋势进行预测，以掌握教育先机，进行预防教育，使可能出现的问题在萌芽阶段便能予以有效解决。大数据分析逻辑认为，每一种非常规的变化发生前一定会有征兆，如果找到了征兆与变化之间的规律，就可以进行预测。大数据预测虽然无法确定某件事情必然发生，但是能够给出其发生概率，为思想政治教育者提供教育参考。尽可能全面地抓取与分析事件相关的数据，是通过分析数据预测事件发生可能性的必要前提，否则就容易发生"黑天鹅事件"，降低预测准确率。

（四）巩固教育效果，延长教育有效期

思想政治教育不仅应当关注教育内容和教育方法何时起作用，更要关注教育效果的持续时间。因此，在一次教育活动结束之后，总结反馈是必不可少的阶段。教育者需要对教育开展情况、开展效果、问题与不足等进行客观评价、及时反馈和有效调节，为以后的思想政治教育活动提供指导，这对于巩固教育效果、延长教育有效期具有重要意义。

大数据关注的信息具有长期性和持续性，只要活动在持续，数据就会不断被跟踪记录。教育者可以根据后续数据建立思想政治教育的评价机制、反馈机制和调节机制，思想政治教育不再只是简单的"一锤子买卖"，而是一个循环往复、不断提升的长期教育过程。首先，数据是思想政治教育效果最好的评价者。在一次教育活动结束后，教育者可以继续对之前的数据进行跟踪，监测数据变化，通过前后数据的比较，对学生思想政治状况的变化一目了然，教育效果的好坏也立见分晓。其次，教育者收到接受教育之后学生的后续数据，根据反馈信息，能够对教育中存在的问题采取巩固、修正、中止等调节手段，强化积极作用，解除消极影响，增强思想政治教育效果。这既是前一次教育活动的结束，也是下一次教育活动的开始，在大数据持之以恒的数据支持下，教育者通过不断重复实施、评价、反馈、调节的教育过程，使思想政治教育效果不断巩固、提升，从而保证教育效果的长效化。

第二节　大数据时代大学生思想政治教育的理论研究

一、高校思想政治教育的理论指导

大数据时代背景下的思想政治教育是高校思想政治教育的新形态。马克思主义理论中社会存在与社会意识的关系问题是历史观的基本问题。身处大数据时代环境背景下，如何在"数据化"的社会存在能动地正确地运用数据化的意识就变得尤为关键和重要。

社会存在与社会意识的唯物主义历史观对大数据时代背景下高校思想政治教育工作的基础作用表现为以下几方面。

首先，社会存在决定社会意识。在高校思想政治教育主客体、教育影响等方面必须遵循社会存在决定社会意识的客观规律。全方位、多渠道地把握教育客体思想变化宏观、微观"数据化"的社会存在，及时高效地制定专属化、实际化的思想政治教育方针。大数据

时代，数据作为基础，已经渗透到高校之中，因此一种新型的"数据化"社会存在就此产生。人们通过数据的输送与传播，形成与人类进步思想相适应的、创新的、正能量的社会意识，而这种进步富有的正能量的社会意识也会能动地作用于数据时代社会存在的发展。在大数据时代背景下开展高校思想政治教育工作，我们要更加深刻了解国家处于怎样的宏观国际环境之中，特别是要深入解析国家相关的政策、方针、路线，再把数据时代的意识应用到高校环境中，这样才能真正把握高校学生思想以及观念变化。高校思想政治教育者在进行教育工作时，思想政治教育者和高校学生要杜绝凭主观想象和经验来开展高校思想政治教育工作。要注重广泛收集数据、深入挖掘有效数据、系统分析数据，深入了解高校实际状况，始终坚持关注高校学生"数据化"社会意识。

其次，社会意识对社会存在具有能动的反作用。对客观世界的反映和探索是一个能动的有意义的思想转变与发展过程。人只有遵循社会存在的发展规律，才能将正确的思想意识反作用于实践，以实践的方式能动地认识客观的社会存在和改造客观存在。高校思想政治教育工作者就是要通过先进的数据技术传播先进的社会意识，指导社会实践活动，促进社会的发展和进步。高校思想政治教育者要注重发挥高校学生主体性作用，增强学生的归属感，通过数据的优势使高校思想政治教育更加科技化和现代化。

（一）科技推动社会发展的理论

大数据时代的到来，不仅使高校思想政治教育发生了根本性转变，而且高校师生的学习、生活、思想也产生了广泛而深刻的变革。伴随着数据技术的不断发展与进步，利用数据技术开展高校思想政治教育工作成了一种全新的工作方式。马克思、恩格斯、列宁等关于科学技术与社会发展关系的论述为当今的大数据时代下的高校思想政治教育提供了坚实的理论基础。突出表现为能够直接借助他们的理论基础与数据技术相互融合。随着数据技术进一步发展，高校思想政治教育者应该具有大数据意识和应用数据技术的能力，在意识形态上和实际操作上实现高校思想政治教育数据化。数据不仅是客观的规律化的数字或符号，更演变成了人们思维模式行为习惯的缩影，其地位和影响只会愈演愈烈。因此，大数据时代背景下的高校思想政治教育必须要将数据技术广泛应用到高校思想政治教育工作中，提高高校师生的数据意识和数据能力，使得高校思想政治教育工作更加科学和具体。

（二）教育学理论

在大数据发展的时代，后现代主义思潮的思想者们对于师生关系的研究与探讨另辟蹊径，有着独到的见解。效果好的教学最本质上取决于人与人之间的关系，认知与生活之间确实存在深刻的联系。人类的生存和发展都离不开相互之间的交往。师生之间交往伴随着感情与爱的交流，情感有助于维系师生关系，促进师生关系和谐发展。爱是师生个人意识的进步与发展助推器，并能够有效地促进师生双方社会价值和自我价值实现。这就需要高校思想政治教育者对学生要具有关怀意识和爱的意识，爱的理解是师生双方价值升华的一个因素。

大数据时代背景下，高校思想政治教育师生关系有这些特征：第一，主体的多维性。高校师生之间的交流由单一性向多维性转变。高校的思想政治教育者不仅指课堂上授课的老师，还包括利用数据技术传送数据的教师、专家、学者，这就使得传统的高校师生交往主体发生了根本性的变化，交往类型呈现出多维化的趋势。第二，师生关系民主化与平等化。大数据时代环境下的高校思想政治教育者主体权威地位逐渐削弱，师生关系变得更加平等民主。高校学生在获取知识方面变得更加的快捷和高效，在某些时候高校学生可能还会起到"反哺"教师的作用，高校思想政治教育者主体地位逐渐减弱，由知识的唯一传授者角色转变为相互促进者的角色，师生关系也变得日趋平等。第三，交往时间与空间不受限制。传统的高校师生交往是在课堂上师生面对面的交往，数据技术的发展突破了师生交往的地理位置限制。师生可以借助数据平台更新数据，使得师生交往连续性不断增强。

（三）心理学理论

建构主义的学习观认为，由于建构主义十分注重学生的主体地位，以学生为中心。对此，他们提出了情境教学法、随机通达的教学方法、自上而下的教学方法，其中最常用的是"支架"教学的方法和情境教学法，前者的核心思想是教育者提供给受教育者学习知识的框架，学习者在框架内将新旧知识通过"顺应"逐步过渡到"同化"的过程，最后教育者循序渐进地撤去支架。而情境教学法的主题思想是师生之间达到情感的共鸣，让学生身临其境，使学生的认知能力、心理抗压能力都能够达到质的飞跃。

在大数据环境背景下，高校思想政治教育者要充分利用数据平台，为高校学生营造一个良好的学习情境，将高校思想政治教育的框架导入数据平台，使得高校学生的主体性意识增强，高校学生能够积极主动建构自身思想意识的新的"生长点"。

建构主义的学生观认为学生并不是"行尸走肉"，而是带着充满思想、意识、情感的大脑走进课堂的，并且他们是完整、独立的个体。他们十分强调和重视以学生为中心，强调学生在建构知识的过程中并不是机械地学习而是进行积极有意义的建构知识的过程。教育者要注重教育对象的思想感情、学习经验，不能一味地对教育者以"灌输"的形式进行教育。要根据教育对象的学习经验寻找新的知识的生长点，引导学生对知识的建构。

综上所述，建构主义理论十分强调学生的主体性，也十分重视学习环境对学生的影响。大数据时代背景下的高校思想政治教育，使得教育者和受教育者的角色关系由封闭式向开放式转变。在大数据时代环境中的高校思想政治教育者互动是突破了时间以及空间的界限的。高校师生可以通过数据成为彼此思想观念上的引导者和被引导者。数据技术的发展营造的大数据高校思想政治教育环境氛围，使得原本枯燥乏味的课堂氛围更加生动、有趣、活泼。建构主义理论对大数据时代背景下高校思想政治教育的教育模式和教育观念的转变有直接的借鉴作用。

二、大学生思想政治教育的基本原则

在大数据环境下，随着网络技术的迅猛发展，随之涌现出来的新任务、新问题也在不断变化，在这种情况下，思想政治教育的原则也增添了新内容。思想政治教育原则，是对教育内容和形式一般性质的体现，是对教育方法的总结。大数据时代，实效性、正面教育等这些传统的思想政治教育的原则仍然发挥着作用，对思想政治教育工作仍然有用。但是，为了适应大数据时代的要求，应该不断发展其原则，适应形势要求。大数据环境下思想政治教育的原则有针对思想政治教育内容的，有针对思想政治教育方法的，有针对思想政治教育的教育者和受教育者关系的，有针对教育者态度的，不同方面原则存在某种共性。从大数据和思想政治教育的关系以及大数据给思想政治教育带来的诸多挑战和变化出发，总结出了大数据时代高校进行思想政治教育的一般性原则。

（一）民主平等原则

民主平等原则，从定义上看，既有抽象含义，又有具体含义；从本质上看，既表现为具体贯彻方法，又体现其内在发展趋势。

民主平等原则，是自由对话的基础，是大数据环境下思想政治教育自身特征以及自身适应时代发展的要求。大数据时代，作为教育对象的大学生，他们的自我表达、自我思考以及自我意识已经渐趋成熟，逐渐对自己以及自己和周围的关系有了独立的认识和评价，盲从性减弱，主体性增强。借助网络等多媒体手段，可以更好地阐明自我观点。因此，在教育过程中应该十分重视教育者与受教育者的平等关系和民主精神。教育者在教学过程中要树立教育民主化的观念，以平等信任的态度对待学生，在与学生和谐相处中使学生畅所欲言，袒露心声，自觉接受教育。当然还要努力创造民主条件和民主环境，疏通广开言路的各种渠道途径，双方协作，共创健康自由的民主氛围。教育者只有降低自己的"身段"俯下身子，怀着"虚怀若谷"的心态，将思想教育的内容放到与受教育者平等交流对话的平台上，才会收到预期的甚至超出预期的思想政治教育的效果。此外，高校还要注意加强宣传教育和思想引导，帮助学生消除思想顾虑和认识误区，摆脱思想束缚，学会正确行使和维护自己的民主权利，提高自我教育的能力。加强和改进思想政治工作，注重人文关怀和心理疏导，用正确方式处理人际关系。这是党中央对加强和改进思想政治工作的新要求，是当前改进思想政治工作的首要任务。

（二）正面教育原则

正面教育原则具体就是坚持循循善诱，以理服人，注意运用正面形象、先进典型和正面道理教育学生，鼓励学生发扬长处，克服缺点，积极向上。培养健康的集体舆论，促使学生自己教育自己。正面教育这一原则符合高校大学生思想品德的形成和发展规律，这一原则是根据我国社会主义思想政治教育的目的、我国道德教育的性质以及思想品德形成和发展的规律提出来的。所以，高校在进行思想政治教育的过程中一定要注意正面引导，说服教育，启发自觉，调动受教育者的积极性。

正面教育原则对思想政治教育者提出了四方面的要求：第一，积极发挥榜样的作用。通过树立典型，发挥榜样作用，进行正能量的传播，从正面引导大学生模范做人，开拓进取。第二，思想政治教育者要善于摆事实，讲道理。通过事实和道理开拓大学生思想政治学习的思路，启发大学生的思想政治自觉性，促进大学生道德、思想、政治水平的提升。第三，发挥大学生的主动性和积极性。通过正面引导和正面奖励，长善救失，尽量避免以惩罚的方式进行教育，动不动地批评处罚、一棒子打死是正面教育原则的大忌。第四，思想政治教育者还要懂得利用网络平台的优势，通过运用不同的多媒体形式，向大学生传递正能量。教育者可以借助网络短片等形式进行正面引导，从而对大学生思想政治教育达到潜移默化的效果。正面教育原则是思想政治教育的重要原则，只有遵循这一原则，高校思想政治教育才能顺利进行，如若不遵循这一原则，思想政治教育抑或得到与其预期目标相反的结果。

大数据思想政治教育要贯彻正面教育原则，首先要丰富正面教育资源，拓宽大数据环境下思想政治教育的平台和途径；其次要主动抢占思想政治教育领地，网络环境下，高校可以通过建立思想政治专题网站、思想政治教育论坛等形式，达成思想政治教育目的，促进大学生的成长和成才。

我国正处在社会主义初级阶段，社会主义意识形态和马克思主义基本理论是这一阶段思想政治教育的基本内容、形式、方法和手段，应该保持其固有的稳定性，这是现阶段社会主义制度自我完善的需要，也是国家意志和实现人民利益的体现。在一个相当长的历史时期内，我国高校思想政治教育基本的内容及其形式、方法和手段是不变的，为高校大学生提供德育支持，促进大学生成长成才和为社会主义现代化建设培养人才的使命也是不变的。而思想政治教育的指导思想和核心内容是永恒的教育主题。当然，思想政治教育的这种稳定性是一种相对的稳定性，根据马克思主义哲学观点，运动和发展是绝对的，静止是相对的，因此基于该内容及其形式、方法和手段的高校思想政治教育的稳定性是随着时代的变化而发生变化的，其稳定性具有时代性，体现了时代的特征。在大数据时代背景下，各种条件纷繁复杂，同时大学生思想情况也千差万别，思想政治教育的内容及其形式、方法、手段只有随机应变，才能适应各种千变万化的客观实际。随机应变性也是思想政治教育内容及其形式、方法和手段的内在属性，这就要求高校教育者在保持教育内容及其形式、方法、手段相对稳定的同时，灵活机动地根据大学生的现实思想问题、针对具体的人和事来调整、补充和选择教育内容及其形式、方法和手段，使所授内容及其形式、方法和手段与大学生的具体思想实际相吻合。

在大数据环境下，高校思想政治教育内容及其形式、方法和手段坚持稳定性原则，会使得思想政治教育的有效性大大增加，从而增强高校思想政治教育工作的说服力，进而增强思想政治教育的权威性。相反，面对不稳定的思想政治教育内容、形式、方法和手段，就会使得教育者和受教育者产生思想上的混乱，进而影响高校思想政治教育的有效性。大学生可以通过网络听到不同声音，这样就会使得大学生对思想教育产生怀疑，使思想政治教育工作变得更加复杂。因此，在大数据时代，应该坚持以社会主义意识形态和马克思主义指导地位为主体的思想政治教育内容以及形式、手段、方法的稳定性，这是高校思想政治教育工作的重要原则。

（三）疏导原则

疏导原则即疏通和引导相结合的原则，疏导原则在思想政治教育过程中居主导地位。疏导原则的功能有教育引导、心理咨询、冲突缓和。现代社会中大学生的思想、行为的取向与选择不同程度地受到社会环境的影响，高校思想政治教育的疏导原则要采用灵活多样的方式进行。

大数据环境下高校思想政治教育中的疏导原则是我们进行教育活动的一贯原则，它是我党建党以来思想政治教育的成功经验和有效方法的总结。它的基本精神就是用迂回的方式、说服教育和民主的方法去解决大学生之间以及大学生与社会之间的思想问题。疏导，即疏通和引导，所谓疏通，即充分发扬社会主义民主，努力创造畅所欲言的条件与环境，广开言路，集思广益；所谓引导，就是在疏通的基础上对被教育者不正确的思想，采取教育与自我教育的方法进行教育引导，将其导入到积极、正确、健康向上的轨道上来。

大数据环境下，各个层次的问题不断出现，高校思想政治教育落实疏导原则的难度在不断加大。针对高校思想政治教育疏导方法面临的新问题，必须做到与时俱进，积极开拓新思路，对疏导方法进行深入研究，深化大数据时代疏导方式的多样化。只有这样，才能拓宽视野、避免片面性，疏导方法才更具有科学性和可行性。

大数据使教育信息的传播由单向变为双向、多向，教育者和受教育者都可以从新的媒体平台获取大量的信息，都可以成为信息的发布者和评论者。大数据环境下，高校可以借助建立专题网站的方式实现疏导。正确利用网络进行疏导工作：其一，提升认知度。网站认知度是指网站被公众认识和知晓的程度。高校思政网站被社会公众认知是网站发挥作用的基础。通过提高网站认知度，可以有效进行网络疏导。其二，提高互动性。高校舆论的形成，常常要经历一个复杂的选择、争论和交流的过程。高校可以借助网站，开通互动环节，通过网络实现教育者与受教育者之间的交流。其三，增强舆情引导力。大数据的发展使得大学生强烈地要求向社会表达自己的意愿，并通过各种方式维护自己的合法权益。

（四）法制性原则

大学生思想政治教育管理理念、程序、权威以及大学生思想政治教育管理者的法律水平等都面临着前所未有的挑战。高校必须采取相关对策，学会用"法治"的理念来解决实践中出现的情况和问题，"法治化"便成了大学生思想政治教育管理工作的必由之路。大学生思想政治教育管理法治化是一项系统工程。通过加强高校思想政治法制建设，注重对高校校内规定的审查，确保下位法不违背上位法的原则和精神，确保"良法之治"；以完善学生权利救济制度为契机，在大学生思想政治教育和管理中更加注重程序规范，适当借鉴听证、仲裁等制度。通过积极营造依法治校良好环境，切实树立大学生思想政治教育和管理法治、平等和服务的理念，进一步完善大学生思想政治教育管理的运作模式，扎实推进大学生思想政治教育管理法治化建设。当然，在实施大学生思想政治教育和管理法治化的过程中，也要注意避免用法治来代替大学生思想政治教育的误区，大学生思想政治教育管理法治化进程中思想政治教育立法和执法都要坚持适度性原则，注意避免思想政治教育过程中的全面法律化。

大数据时代，随着互联网全球范围内的迅速发展，网络的开放性、数字化、虚拟性、交互性的特点使得网络安全问题日益突出，网络传播的便捷性以及网络传播的无节制性使得不良信息借助网络得以大规模泛滥。高校进行法制教育的原因有二：一是大学生法律意识淡薄。近年来，大学生违法犯罪是一个严重的社会问题，导致青少年犯罪率上升的首要原因便是其法律意识淡薄，加之网络环境下，大学生的社会经验缺乏，所以必须重视法制教育的开展。二是法制教育是保证大学生思想政治教育的基石。加强法制教育是稳固高校教学质量的有力保障，更是确保大学生学习掌握技能的基石。只有学生树立了正确的世界观、人生观、价值观，才能保持健康的心理状态、明确的学习态度和正确的学习方法，从而学有所用、学有所得，才能实现高校人才的教育培养目标。

法制性原则要求高校思想政治教育工作者在进行思想政治教育过程中渗透法制教育，这就要求高校思想政治教育工作者要具备很好的法律素养，只有这样才能够在课堂教学中信手拈来，与课堂浑然一体，否则，很容易生拉硬套，失去教育意义甚至适得其反。法制性原则还要求高校思想政治教育工作者在具备良好的法律素养和丰富的法律知识的前提下，同时具备对媒体不良信息的识别能力。

实践证明，大数据时代高校思想政治教育的原则得到了丰富与充实。借助大数据，高校思想政治教育的信息资源得以及时被大学生吸收，这极为有效地拓展了思想政治教育的途径。当然对于思想政治教育的核心问题、本质问题仍然需要我们根据新时期的原则进行施教，仍然离不开面对面的教育行为。总之，大数据背景下的思想政治教育，在开辟了新途径新领域的同时，更提出了新课题和新要求，要顺利地完成这一课题和要求，就必须遵循大数据环境下思想政治教育的基本原则。否则，大数据时代的思想政治教育就难以收到实效。

第八章 大数据时代高校大学生思想政治教育的资源整合

第一节 人力资源的整合

人力资源是贯穿大学生思想政治教育始终的、不可或缺的、唯一的活资源，人力资源的实际整合状况直接关系到甚至是决定着高校大学生思想政治教育的质量问题。人力资源管理要求一个组织通过不断地获得和提升人力资源，认识并开发他们的各种潜能，保持并激发他们对组织的忠诚和贡献，共同为组织目标服务。近年来，随着"以人为本"经营理念的普及，人力资源管理越来越受到各级管理人员的重视。因此，高校必须高度重视对人力资源的有效整合，准确认识当前在人力资源整合中存在的主要问题，科学把握人力资源的整合途径。

一、整合中存在的主要问题

大学生思想政治教育中一个不可回避的现实问题，是以辅导员为主体的有限教育资源相对于高等教育大众化阶段产出庞大的受教育群体之间比例的严重失调，教育资源相对于受教育群体而言显得捉襟见肘，这也是目前高校思想政治教育常处于"水中月""雾中花"之尴尬境地的原因之一。从理论上讲，高校所有的教职员工都具有育人之责，但由于没有明确相关的权利与义务，因此包括思想政治理论课教师在内的大部分高校教职员工基本上都游离在大学生思想政治教育系统之外，高校大学生思想政治教育的工作重担基本上都压在了辅导员身上。一名辅导员往往要负责上百名大学生的思想政治教育工作，同时还要在各种会议和活动场所中奔忙，而他们作为刚刚踏入工作岗位的"新人"，本身又面临着结婚、育儿等人生大事与琐事，很难再期望他们腾挪出更多的精力和时间干好超出人体极限的非常态式的工作。面对这种第一线育人资源的短缺，大多数高校思想政治教育工作不可能细致深入和扎实有效地开展，所谓的思想政治教育只好徘徊在程式化、表面化的粗放型阶段，也就不足为怪了。因此，有必要探寻和挖掘新的可供补充的育人资源，把高校里那些隐性与分散的育人资源真正整合融汇到大学生思想政治教育体系内，以缓解当前高校育人资源短缺的窘况。

高校对思想政治教育资源的重视首先就体现在对人力资源的重视上，例如许多高校不惜代价引进高学历高职称的思想政治理论课教师，积极鼓励在职教师攻读硕士、博士学位，不断壮大思想政治教育教师队伍等，在这些方面高校花费了不少的时间精力、人力、物力、财力，也取得了不少的成绩。但纵观整体，高校在对思想政治教育主体资源的整合中仍然存在着不少的问题，主要有以下五个方面。

（一）思想政治教育工作者素质参差不齐，专业化程度较低

虽然在一线从事辅导员工作的青年教师大都具有硕士或本科学历，但由于缺少实际工作经验，尤其是不少辅导员专业上并非是思想政治教育科班出身，应聘这一岗位纯粹是为了找工作。因而目前高校思想政治教育辅导员所学专业可谓"五花八门"，在从事学生思想政治教育中就暴露出工作不专业、不到位的问题。

（二）专业课教师对大学生思想政治教育思想上不重视，行为上不参与

不少专业课教师认为，学生思想政治教育是辅导员的事，是学校宣传思想政治工作部门的事，与自己无关。有的即使承担了某些学生思想政治教育相关工作，也是短期行为，不少教师是被动应付，不能长期投入。

（三）大学生人力资源没有得到充分利用

大学生思想政治教育最直接的对象和受益者是学生本人，但在高校学生思想政治教育中不少辅导员和班主任仍有包办现象，对学生参与学生教育管理工作总是不放心，让学生主体游离在大学生思想政治教育之外。

（四）大学生家庭人力资源被忽视

一方面从学校角度看，认为学生家长远离学生，靠学生家长做工作是远水解不了近渴，没有重视家庭教育人力资源的开发与利用；另一方面，从家庭角度看，不少家长认为，学生进了大学，其教育就是大学的事，因而对孩子的教育不再像小学、中学阶段那样关注和重视，主动关心学生思政教育的家长少之又少。

（五）各类人力资源之间缺乏沟通

大学生思想政治教育说起来重要，事关国家现代化建设的后备军和接班人，但在做大学生思想政治工作时，不少主体忙于自己的工作事务，难以形成思想政治教育资源整合的优势，难以发挥各类思想政治教育群体应有的作用。

为此，高校应更新观念，树立人力资源的整体观，全面加强对各类人力资源的整合，并建立健全人力资源的联系制度以加强相互间的沟通与协作，从而形成强大的教育合力。

二、人力资源整合的主要途径

高校作为人才培养的高地，拥有众多的育人资源。可惜由于种种主客观原因，有些资源没有被挖掘与认可而处于隐性或沉没状态，或者有些资源没有被激活与配置而处于闲置与浪费状态。由此最终导致拥有众多育人资源的高校却面临着育人资源短缺的尴尬，只能依靠以少量的辅导员为主体的专职思想政治教育工作者队伍"孤军奋战"，制约了大学生思想政治教育工作实效性的提升。有鉴于此，有必要对高校育人资源加以挖掘和识别，将其纳入大学生思想政治教育的整个系统，实现思想政治教育系统资源的完美组合与及时"修缮"。

（一）整合利用校内人力资源，增强育人合力

大学生日常思想政治教育工作者要实现优势互补，各类教育力量形成整体合力，教育资源进行优化配置，以实现教育力量的整合。对教育主体而言，专职学生工作队伍是中坚力量，兼职学生工作队伍是基础力量，大学生党员、学生干部是骨干力量。大学生日常思想政治教育整体合力的形成，对社会而言，要实现社会教育、学校教育与家庭教育的有机结合；对高校而言，要形成教书育人、管理育人和服务育人的协调整合，既要积极发挥现有日常资源的教育作用，又要全方位、多角度地发掘潜在的教育资源，特别是教学课程资源、社会舆论资源以及社会实践资源的功能，使大学生日常思想政治教育更具实效性。

1. 重视整合大学生思想政治教育专兼职辅导员队伍

我们在强化辅导员队伍的功效时，也要整合和优化辅导员队伍的内部资源配置，比如要明确思想政治理论课教师具体的育人任务，改变其育人教育中"说"与"做"分离之态；要分离不属于辅导员范围之内的琐碎之事，还原其育人的原生态本位。同时，也可以尝试辅导员的分类制度，使其或偏重于心理分析式育人，或偏重思想教育式育人，或偏重具体事务管理式育人。总之，要使学生工作队伍各归其类，各有倚重，以提高效率，达到

事半功倍的效果。

2. 重视整合大学生思想政治教育教师队伍

要增强育人合力，就要使所有教职员工都重视自己的职责，做到全员育人。高校的专业教师、行政管理工作者和离退休人员这支分散的育人队伍，需要重点进行整合和配置，使其真正融入大学生思想政治教育系统中，并有所作为，以缓解专职学生思想政治教育工作者队伍"人力"严重不足的现状。

首先，应真正转变观念，认识到这支庞大的隐性队伍是专职思想政治教育队伍之外的重要育人资源。其次，应依据这部分资源的不同属性，客观理性地将其配置到大学生群体之中，切实落实大学生思想政治教育本科生导师制。研究生导师除负责好研究生的思想教育外，也可根据实际情况担负起一定比例的本科生育人之责，其他专业教师与行政工作者也要依据相关标准担负一定比例的学生工作事务。离退休教师作为智慧的长者可以进行返聘，使其具体地负责有关大学生思想政治教育的一些具体事宜，协助辅导员开展工作，更好地发挥关心下一代的政治作用。再次，应鼓励一些专业教师、行政管理工作者和离退休人员利用个人博客、微信、QQ 空间等网络方式传扬爱与美的真谛，营造网络思想政治教育阵地中个性化的精神寓所，延伸其思想政治工作的时空维度。总之，全体教职工都有责任为大学生树立良好榜样，使学生们随时随地能受到感染和教育。只有通过整合各方面力量，增强育人合力才能形成教书育人、管理育人、服务育人的综合育人环境，从而达到切实加强大学生思想政治教育的目的。

3. 重视整合实现自我教育的大学生人力资源

从思想政治教育过程来说，大学生"不仅是教育活动的客体，而且从某种意义上讲也是教育活动的主体、自我教育的主体，具有主观能动性，不仅能完成自身从知到行的转化，而且可反作用于教育者"，"思想政治教育要取得实效，既要加大教育引导的力度，又要激发受教育者的内在动力"。这种内在动力激发，既要依靠教育者的教育引导，更要依靠学生的自我教育。作为一种特殊的教育形式，大学生自我教育意味着大学生在日常思想政治教育过程中，既把自己作为意识和意志的对象，又把自己作为教育和改造的对象；充分体现了大学生通过思想政治教育不断提高自身思想政治素质的自觉性，反映了思想政治教育过程中自我意识的觉醒，标志着思想政治教育进入了高度自觉的阶段，是思想政治教育的最高境界和最高形式。

4. 充分发挥高校"三育人"作用，推进全程、全员、全方位育人

把高校中各类不同来源、不同层次、不同内容的人力资源进行有效整合，形成合力，从而真正做到"全体教职工教书育人、管理育人、服务育人"。如果高校能够探索建立起校内育人资源与家长以及社会等校外育人资源的配置与融合，将有助于形成"全社会都要关心大学生健康成长，支持大学生思想政治教育工作"的氛围，切实提升大学生思想政治教育的品质与实效。

（二）整合社会各界资源，发挥育人功效

学校要把社会和各个子系统中的思想政治教育人力资源优化整合，形成多个辐射源。整合社会各界教育资源，建立高校思想政治教育中心和若干区域中心。建立校外思想政治教育基地、社会实践基地，聘请各界成功人士、知名校友担任客座教授、素质导师等。在与学校相关的各类社会人力资源中，尤其重要的是校友资源。

校友是在学校一起学习、进修、工作、生活过的各层次、各类别的学生以及在学校工作过的教授、兼职教授和教职员工等人员。校友资源是校友自身作为人才资源的价值以及校友所拥有的财力、物力、信息、文化和社会影响力等资源的总和。校友资源涉及高校发展的方方面面，例如社会关系、形象代言、资金支持、信息来源、就业保障……对一所学校的发展至关重要。校友资源是一支潜在的、不可或缺的社会力量，发挥着思想政治的引领作用、道德教育的示范作用、心理健康的调适作用、就业指导的桥梁作用。从人力资源的角度来看，校友也是一种有利于提升学校社会名望、开展校企合作、帮助学生就业，提升凝聚力和校园文化氛围的有效人力资源。

第二节　社会资源的整合

大学生思想政治教育的社会资源，是指在全社会范围内一切有利于进行思想政治教育并为其提供服务的可被开发、利用的诸多要素的总和。社会生活的方方面面都是思想政治教育的载体，除了在学校的各门课程教学、各项教育、管理和服务活动中要贯穿思想政治教育内容以外，在人际交往、互联网、城镇化和新农村建设、企业文化建设等方面都可以传输思想政治教育的信息，充分挖掘利用社会大系统中与高校思想政治教育密切相关的思想政治教育资源，是实现高校思想政治教育社会化的有效途径。

针对我国社会生活的新形势、新变化和群众工作的新特点，借鉴参考德国政治教育的有益经验，我们认为，加强和改进大学生思想政治工作的重要前提，是切实形成与构建社会主义和谐社会和与市场与经济体制相适应的我国思想政治教育管理体制及运行机制。依

托这样的管理体制和运行机制，构建国家的思想政治教育资源体系，大力加强大学生思想政治教育的社会资源的开发、建设和整合。

一、整合社会资源的意义

高校教育资源的发展是开放的，不仅需要调动学校内部的力量，也需要依靠学校外部的力量。通过借力发展和开放式办学，可以实现学校与社会的资源共享，优势互补，将社会力量转化为自身的办学优势，保证学校德育可持续发展。同理，加强和改进大学生思想政治教育，不仅需要调动高校内部的力量，也需要依靠和吸收学校外部的力量。

利用和吸收社会资源促进大学生思想政治教育，是大学生思想政治教育需求不断增长和社会资源谋求增值的契合点。一方面，大学生思想政治教育单靠高校自身力量和条件，难以形成最佳教育效果。另一方面，一些社会资源往往存在或限制，或空耗，或贬值等状态，自身存在有待提高利用率和进一步发挥效益的内在要求。利用社会资源促进大学生思想政治教育，是对教育事业公益性的诠释。大学生思想政治教育在给受教育者带来收益的同时，通过受教育者使其他社会成员同时受益，这是教育公益性的应有之义。利用社会资源可以提高办学质量和教育品质，增加教育选择，优化教育环境。此外，把各方面的积极性、主动性充分调动起来，把社会各方面的力量动员起来，把社会各方面的资源整合起来，吸收校外的多方力量参与大学生思想政治教育，使它们充分发挥作用，密切配合，以形成加强和改进大学生思想政治教育工作的强大合力。

二、社会资源的整合途径

我们要加强家庭、学校、社会等思想政治教育资源的整合作用，提高其运用的有效性与科学性。在思想政治教育工作实践中，要创新教育理念，精心规划和设计结构合理、相互衔接、功能互补、相互促进的全方位协调配合的社会思想政治教育资源体系。要整合社会各界的教育资源，建立大学生思想政治教育中心和若干区域中心。研究制定推动全社会思想政治工作资源，挖掘和整合系列政策或条例，建立和加强大学生思想政治教育资源整合的长效机制，促进资源整合和大学生思想政治教育的科学化、制度化和规范化。

（一）拓展大学生思想政治教育社会资源整合的途径和载体

1. 创新改进思想政治教育手段，广泛整合党政部门、科研院所、大型企业等社会教育资源，构建高校、社会和家庭的合力机制，使社会各个方面充分发挥各自优势，承担具体责任，共同支持大学生思想政治教育工作。

2. 善于运用现代传播工具与手段并创新工作方法，注重整合现代通信手段和视听技术，通过大学生喜闻乐见的活动方式来开展思想政治教育。在社会上寻求更多、更好的教育资源，积极寻求把社会资源与校内资源结合起来的有效途径，探索新型的、开放型的大学生思想政治教育工作模式。

3. 构建大学生思想政治教育网络平台，建立多渠道、立体化信息收集、反馈的网络体系和预警系统，积极开展以网络为载体的教育活动，吸引大学生网民参与，形成大学生思想政治教育资源整合工作网上网下、及时有效的联动。

4. 统筹规划，形成多个并相互交叉的大学生思想政治教育资源辐射源，把社会和各个子系统中的思想政治教育资源优化整合。例如以学校资源为中心，整合校外图书馆、博物馆、音乐馆等文化设施，提升校园文化，并将形成的这些大学生思想政治教育资源整合辐射源交相辉映，良性互动，从而带动整个社会环境的改善。

（二）加强家庭思想政治教育资源的整合

家庭是大学生人生的第一课堂，家庭教育有奠基性、感染性、针对性、社会性等特点。中共中央、国务院《关于进一步加强和改进大学生思想政治教育的意见》中也明确指出："学校要探索建立与大学生家庭联系沟通的机制，相互配合对学生进行思想政治教育。"逐步建立学校与大学生家庭联系沟通的有效机制，定期交流反馈信息，形成学校家庭互动、全社会关心支持的育人氛围。这充分体现了整合家庭资源在思想政治教育资源整合中的重要作用。因此，要整合和利用好家庭思想政治教育资源，充分发挥好家庭对大学生的思想政治教育功能。

在现代技术信息条件下，可以通过电话、书信、网络、座谈会、家长学校或家庭教育讲座等现代化、多样化的方式来加强学校与家长的沟通，用好的家庭、好的事例、好的行为教育和影响在校大学生，增强大学生思想政治教育的吸引力、感染力。

（三）加强全社会思想政治教育资源的整合

第一，拓宽工作思路。传统的资源与社会新的资源各有特点、优势，要在调查研究的基础上整合，实现优势互补。同时，要注意将各个单向的大学生思想政治教育资源联合起来，实现资源共享，使之形成教育合力。还应充分整合主要的基础性资源并不断推进资源整合创新，如党政机关、学校课堂以其独有优势成为进行思想政治教育的主渠道和主阵地，在整合社会思想政治教育资源的过程中，要充分利用并不断创新。

第二，构建新的资源体系。创新教育理念，精心规划和设计结构合理、相互衔接、功能互补、相互促进的全方位协调配合的社会思想政治教育资源体系。这就需要整合社会各界教育资源，建立校外思想政治教育基地、社会实践基地，聘请各界成功人士、知名校友担任客座教授、讲座教授、素质导师等。努力探索和拓展大学生思想政治教育社会资源整合的途径和载体，统筹规划，形成多个相互交叉的教育资源辐射源，把社会和各个子系统中的思想政治教育资源优化整合起来。例如积极引导各类城乡基层自治组织、人民团体、社会团体、行业组织、各种博物馆、展览馆、历史文化遗址、革命旧址等机构支持大学生思想政治工作，以此建立大学生思想政治教育社会资源体系。

（四）争取各级党委、政府的大力支持

加强大学生思想政治教育资源体系建设，其核心首先是加强各级党委和政府对大学生思想政治工作的领导与规划。比如思想政治工作主管部门整合中央、地方各级资源，为各级各类学校分别制定统一的思想政治课教学与考试大纲，培训各级各类学校从事思想政治教育的教师和工作者，只有经过培训并通过考试的人员，才能取得从事思想政治教育工作的资格；集中全国理论界、教育界、文化界的力量，为学校编写权威性、针对性、时效性强的教材和教学参考资料。组织相关学科领域政治素质好、责任感强、反应敏锐、善于把最新理论成果转化为大学生思想政治教育资源的专家，及时编撰理论教育、热点问题、社会心态、社会思潮等方面系统化、通俗化的教育资料，及时为教育界、各级各类学校提供教育参考资料。

（五）跨国跨地区的大学生思想政治教育资源的整合利用

在大学生思想政治教育过程中，除了应对本国、本地区、本校的思想政治教育资源进行整合利用以外，还应积极引进其他国家地区的特色资源。因为无论是自然资源还是社会资源，在一定的时期内都会表现出空间区域分布上的某种不均衡性。所以为满足我国大学生思想政治教育的客观需要，必须打破思想政治教育资源利用上的地域界限，善于引进其他国家和地区先进的大学生思想政治教育资源，以弥补自身资源的不足。利用国外大学生思想政治教育资源，实际上是立足于一个更广阔的视野来认识思想政治教育资源整合问题。在全球化进程加速的今天，大学生思想政治教育工作者必须放眼全球，加强各国之间思想政治教育资源的合理利用，以满足我国大学生思想政治教育发展的内在需要。当然，对待国外的思想政治教育资源，要用马克思主义的立场、观点和方法去分析，做到合理借鉴。

第三节　精神资源的整合

在意识形态领域斗争日趋隐蔽、复杂甚至残酷的新时期，强化大学生思想政治教育意识形态功能就显得既有现实性又有必要性。而为了提高思想政治教育意识形态功能的效率，行之有效的方法就是对现有的大学生思想政治教育精神资源进行整合，这既是由思想政治教育意识形态功能的内在本性决定的，也是新时期加强和改进大学生思想政治教育提出的时代要求。

一、精神资源的内涵

精神资源是独立于物质资源之外，反映人、自然、社会等内在关系的思想与观念，它是人类生产实践活动的产物。精神资源既包括理性层面的系统化的理论、思想、信仰以及通过语言文字物化的承载，也包括感性层面的人的价值观、人生观和传统习俗等。

按照不同的标准，思想政治教育精神资源可分为不同的类型。首先，按精神资源呈现状态，可分为显性精神资源与隐性精神资源。其中，显性精神资源是指大学生思想政治教育活动中，教育者对受教育者进行教育时可直接、公开利用的思想政治教育精神资源。显性精神资源具有有形性和有声性两大特点。比如，马克思主义理论就属于"有形性"资源。而思想政治教育精神资源的隐性精神资源是指可以被思想政治教育活动利用的，内隐于社会生活之中的精神资源的总称，如民族精神、道德风尚等。隐性精神资源具有广泛性和易接受性等特点。广泛性说明它无时不在、无处不有。易接受性主要是指受教育者可在轻松的状态下接受教育信息，提高自身的思想道德素质。其次，按精神资源载体形态，可以分为文本资源、音像资源、网络资源等资源形态。其中，文本资源是指以书本和文字为载体的精神资源，如教材、教参等；音像资源主要指蕴含思想政治教育内容和信息的音像制品，如录音带等；网络资源是指以网络为承载的新型的信息资源，具有广泛性、快捷性、时效性等特点。它能够提高学校思想政治教育的效率。再次，按精神资源产生时间，可分为历史的和现实的思想政治教育精神资源。其中，历史的思想政治教育精神资源是指历史遗留下来的、可以被现今开发和利用的资源。而现实的思想政治教育精神资源是指在当前的客观条件下存在并可利用的精神资源，是能体现其时代性的资源。与此同时，按精神资源层次，可分为社会精神资源、群体精神资源和个人精神资源。其中，社会精神资源是在社会生产活动中能够被整合的各种精神因素的总和。群体精神资源是指在群体生产活动中能够被整合的各种精神因素的总和。而个人精神资源则是指个体所体现出的道德品质、精神风貌等。

大学生思想政治教育精神资源的特征主要表现为阶级性、大众性、丰富性、稀缺性、共享性、选择性等。第一，阶级性。大学生思想政治教育精神资源的阶级性是指其为一定的阶级服务，这是由其性质所决定的。由此，统治阶级的思想在每一时代都是占统治地位的思想。第二，大众性。指其作用是服务于所有大众，任何阶级或政党都可以利用，比如爱国主义资源。第三，丰富性。大学生思想政治教育精神资源不但包括思想、习俗、社会风尚等，且内容是无限发展的。第四，稀缺性。是指资源数量质量与需求的关系存在一定的矛盾，比如文化落后、知识贫乏等都是精神资源稀缺性的表现。第五，共享性。是指现代思想政治教育精神资源可以被所有的社会成员所分享，可以为人类社会共同享有，并不会因为曾经被人利用过而失去价值。比如知识信息作为资源，可以不断地被反复使用。第六，选择性。是指根据不同的对象，选择不同的精神资源，让个体有针对性地利用适合的精神资源。比如大学生主要培养科学的世界观、人生观、价值观，马克思主义理论资源当然是精神资源的重中之重。

二、精神资源整合的理论指引

马克思主义认为，思想观念在任何时候都是社会存在的反映。一个民族、一个国家、一个社会的价值观念及其核心价值体系的形成和发展，都是基于一定时空体系内的民族、国家和社会的历史性和时代性的反映，并且以理想的形态整合、塑造着这个民族、国家和社会的历史发展进程。随着当代中国经济社会发展进程的深入，人们越来越认识到，仅仅有经济发展是不够的，必须伴以一种具有凝聚力的文化认同力量。这种凝聚人民、动员人民、激发人民创造力的文化力量，就是我们所说的社会主义核心价值体系。根据社会主义核心价值体系对社会精神资源进行整合的实际，其整合途径主要有分层整合、规范整合、强制整合等。

社会主义核心价值体系整合方法是指以马克思主义基本理论和党的基本路线为指导，以为人民服务为核心，以集体主义为原则，保证我国社会整体的社会主义性质的运行方式，它包括观念整合、制度整合、价值整合和行为整合。社会主义核心价值体系整合是社会主义观念、信念和价值统一的"上层建筑"，它主导、制约着文化整合和文化系统。社会主义核心价值体系通过制度化规范，一方面使社会成员在思想和行为上有遵循准则，另一方面保证社会主义核心价值体系的连续性和认可性，凭借其社会的合法身份而保持一致性与权威性。这样，社会主义核心价值体系对社会精神资源的整合作用就有了制度的保证。

三、精神资源整合的主要途径

（一）加强对传统思想政治教育精神资源的传承和发扬

民族的优秀传统精神文化资源是民族赖以生存的精神支柱，民族精神的发展离不开对传统精神文化的继承和发扬。因此，首先要发扬中华民族优秀传统文化精神资源。中华民族五千多年的优秀传统文化精神遗产，是我们自立于世界民族之林的精神旗帜。思想政治教育的发展需要从传统文化中挖掘优秀的精神资源，如爱国主义精神、自强不息精神、崇尚道德精神、民主自由精神、唯物辩证精神以及遵守道德规范等。这些都是中华民族传统文化中的精华，应该加强传承和大力推广。其次，弘扬中国共产党优良革命传统精神资源。中国共产党革命传统精神是指在革命斗争中所创立和形成的时代精神，如井冈山精神、长征精神、延安精神、西柏坡精神、两弹一星精神等。

（二）借鉴、吸收其他国家高校大学生思想政治教育精神资源

所谓借鉴和吸收，是指大学生思想政治教育者根据教育活动的需要，通过筛选，借用其他国家或地区的优秀精神资源，从而获得思想政治教育精神资源的方法。随着改革开放的逐步深化，思想政治教育从一个封闭环境过渡到高度开放的环境。这要求高校思想政治教育工作者要在严格甄别优劣的基础上，去粗取精、去伪存真，大胆地吸收借鉴外来思想政治教育精神资源。同时，既要重视本民族的思想政治教育精神资源，又要重视吸收外来的优秀政治教育资源。通过鉴别、吸收，可以加深对高校思想政治教育规律的认识，对我国大学生思想政治教育资源整合活动的开展具有推动和促进作用。

（三）主动创新、整合大学生思想政治教育精神资源

大学生思想政治教育工作者运用各种手段，挖掘提炼新的精神资源或使原有精神资源发挥出新的功能，这是未来思想政治教育工作者努力的方向。创新和整合者可以通过社会调查、实践考察、资源共享等途径进行。其中，社会调查广泛运用于社会的各个领域，把社会调查运用于大学生思想政治教育活动之中，是思想政治教育的成功经验。大学生开展的社会调查主要有文献调查和典型调查两种。实践考察主要是组织一些校外、境外实践考察活动，让整合者从中进一步整合精神资源的新内涵。

第四节　财务资源的整合

大学生思想政治教育财物资源整合直接影响着高等学校思想政治教育发展的方向和水平。运用经济学理论对大学生思想政治教育财物资源整合进行科学分析，遵循大学生思想政治教育财物资源整合的基本原则，积极完善高等教育经费体制，是实现大学生思想政治教育财物资源最优整合的有效途径。

一、财物资源整合的含义

大学生思想政治教育财物资源的整合过程实质上就是高等教育的投资过程，包括高等教育所需各种费用如何筹措、怎样分配和如何使用。大学生思想政治教育财物资源整合可分为两个层次，即宏观整合层次和微观整合层次。宏观层次的大学生思想政治教育财物资源整合是指在国家或地区的宏观指导和人才市场的基础导向作用下，政府行政部门如何将高等教育经费在高校之间进行有效分配，以使有限的高等教育经费流向最需要的且能取得最大效益的高校。微观层次的大学生思想政治教育财物资源整合通常是在高校内部经费总量既定的条件下，各高校如何合理组织、利用有限的经费，使之发挥最大的效益。优化大学生思想政治教育财物资源整合，实质上就是通过对高等教育经费的合理整合，使既定的、有限的高等教育经费能够使高校的思想政治教育产出达到最大值。

我们可以运用一定的经济学理论加以分析。从现有理论来看，帕累托最优境界和边际效用理论可以用于指导大学生思想政治教育财物资源的优化整合。帕累托最优境界认为，经济资源利用的有效程度要以生产者达到的产量使消费者满意的程度来判断。如果生产要素组合所达到的产量能使消费者得到更大的满足，而任何重新组合都只能使消费者的满足程度减小，那么，这就表明资源整合处于最有效的状态。这一理论强调了"适应"特征，可以被看作判断宏观经济资源整合是否达到最优状态的客观标准。边际效用理论认为，效用分为总效用和边际效用。总效用是指消费一定量的某种物品或多种物品所得到的效用总和；边际效用是指增加一个单位物品消费所得到的效用。在经济学中，关于效用既有边际效用递减规律，又有总效用最大化规律。边际效用递减规律指随着某种物品消费量的增加，满足程度总效用会以越来越缓慢的速度增加，但所增加效用的边际效用在递减。总效用最大化规律，其基本条件是符合等边际准则。等边际准则是在消费者收入固定或他面临的各种物品的市场价格既定的条件下，当花费在任何一种物品上的每一元钱所得到的边际效用等于花费在其他任何一种物品上的每一元钱所得到的边际效用时，该消费者就得到最佳的效用。这一理论强调了"效率"特征，可以被看作判断微观经济资源整合是否达到最佳状态的客观标准。

根据经济学帕累托最优境界和边际效用理论，我们在整合大学生思想政治教育财物资源时，应选择最优的整合方式，以使有限的财力资源实现最佳整合。这就是在总的教育经费供给有限的情况下，国家对高等教育经费投入不仅要考虑投入成本，而且要注重机会成本，应该遵循支付最小的机会成本原则，依据高等教育发展需要的重要性顺序来安排，在考虑资源的多种用途下，确定资源的使用方向及数量，尽可能将有限的财力资源投入到能发挥最大效益的高校。高校在办学过程中，需要将经费投入到某一方面时，不仅要看投入是否形成效用，而且要重视其边际效用。应该依据边际效用递减规律，在任何一个方面的投入都要及时将边际效用与其他方面的边际效用加以比较，并适时地将投入转向边际效用较大的其他方面，以提高有限的财力资源整合效益。总之，就是要寻找教育经济效益最大化的最适宜的质量水平，寻找最适宜质量水平下的最低教育成本，用最少的投入成本提供最好质量的教育服务，用最好的服务质量满足大学生成长成才的实际需求。

二、财物资源整合的基本原则

（一）效用最大化原则

大学生思想政治教育财物资源的整合应坚持效用的最大化。高等教育作为一种非义务性教育，它所提供的"产品"从经济学角度讲属于准公共产品的范畴，它所提供的服务劳动创造了文化性价值，同时还创造了经济性价值。高等教育产品是介于公共物品和私人物品之间的一种商品，它既能给个人带来直接的效益，又能给国家带来公共收益。因此，在提供高等教育经费、整合大学生思想政治教育财物资源时，要使效用最大，其边际成本应等于私人边际收益加上社会边际收益，并以此来确定高等教育的供给和需要，使高等教育的发展适应市场需求，避免不合理投入带来的不经济性，从而实现高等教育的效用最大化。总量增值原则就是要求大学生思想政治教育财物资源整合应保证思想政治教育资源的资产总量增值，教育行政部门要用整体优化的观点将所有高校作为一个系统通盘考虑、统筹规划、合理投资，保证发挥各校特长，合理整合大学生思想政治教育财物资源。高校要加强与社会的通力合作，通过满足社会需要，广开经费渠道，并注重把握注入外生增量和盘活存量并举，使有限的经费越来越得到有效利用，最大可能地减少费用和消灭损失。

（二）非均衡性原则

大学生思想政治教育财物资源的整合必须坚持效率与公平相结合，以效益为主，提倡合理竞争，鼓励创新与进步。在当前国家财力资源有限的情况下，不应该只考虑整体的平衡，采取"撒胡椒面"的政策，而是要加强对资源利用率高、效益好的高校或者是院系、学科的投入，重点支持，优先整合，真正使资源整合与实际效益有机统一起来。

（三）可持续性原则

大学生思想政治教育财物资源的整合既要安排当前的发展，又要考虑未来的发展需要。在高等教育活动进行过程中，经费的分配和使用总是在连续不断地进行着、消耗着。因此，必须积极地开发高等教育资源，主动地"开源节流"，有效地进行经费的补偿与再生，从而保持大学生思想政治教育的"再生产"和"扩大再生产"，保障有限的财力资源的可持续利用，促进大学生思想政治教育事业的不断发展。

三、财物资源优化整合的途径

要实现大学生思想政治教育财物资源优化整合，除遵循以上基本原则外，还应该从宏观和微观两个方面积极探讨其对策。

（一）重视市场经营管理理念

思想政治教育工作人员在经费整合时，应不断引进和强化市场经营管理理念，充分运用"资金流向最有效益的地方"的市场规律，根据思想政治教育学科发展的目标，将资金用于重点教学、重点项目、重大实践活动，以形成本校思想政治教育专业的优势科目、品牌项目、特色实践基地，等等，培养出"适销对路"、质量过硬、符合社会需求的大学生思想政治教育资源整合的"产品"，避免有限经费因整合不当而造成新的浪费。

（二）拓宽大学生思想政治教育财物资源整合的渠道

在大学生思想政治教育经费整合中，积极拓展扩大非财政性教育经费的来源渠道。进一步健全高校各群团组织、基金会、校友会架构，增强群团组织的创造力、凝聚力和影响力，拓宽整合资源的渠道，广泛吸纳社会资源。

例如通过学校校友会、教育发展基金会等，开拓财源，为大学生思想政治教育社会实践、党员教育活动等争取赞助、提供具体帮助；鼓励杰出校友资助贫特困生、设立奖学金；在企业设立实习基地等，使高校思想政治教育获得新的发展空间。

（三）坚持管理与建设并重

对大学生思想政治教育财物资源进行最科学的管理、最充分的利用，实质上就是对财物资源的最好整合。因此，在高校内部，大学生思想政治教育财物资源的整合与使用，必须坚持加强基础、保证重点、注重效益、分批建设的原则。对于重要设备、先进设施、珍贵文献、参考书籍等，可以实现资源共享，减少大家的共同投入，互相提供方便，最大限度地减少资源的冲突和消耗，避免低水平投入、重复建设的浪费。对院（系）的投入坚持学校投入与院系配套共建，使院系在使用经费、规划设备时更加注重合理性和精打细算，注重已有设备功能的综合配套能力，激活高校内部对大学生思想政治教育财物资源管理和建设的多层积极性，形成促进大学生思想政治教育可持续发展的内驱力。

第五节　时间资源的整合

整合资源也要整合时间，时间资源在大学生思想政治教育中是相当重要的资源。高校要注重思想政治教育的时间投入，追求教育效率和效能，就要优化整合思想政治教育的时间资源。时间的无限性往往导致人们忽视时间的存在，似乎时间是取之不尽、用之不竭的，这种观点是错误的。对于有生命的个体而言，时间是极为有限的。特别是社会快速发展的今天，知识更新迅速，新的科学技术要尽可能快地转化为生产力并创造巨大的社会财富，一切都离不开时间的节约和时间成本的降低。对于大学生思想政治教育而言，整合时间资源意味着对个体生命的尊重，时间是发挥人的潜能、创造智慧和生产精神产品的重要土壤。因此，应该对时间成本进行计划、控制和管理，树立时间资源的价值观，把时间的统筹和管理贯穿大学生思想政治教育的全过程。

一、时间资源的构成

时间是将人类所能感知的自然与社会的变化流逝作为认识和研究对象的资源，人们将其作为资源，是考察时间的性质、结构、形态，探究其管理和使用的一般规律，并运用掌握的这种规律去指导自己的行动，使人类的活动更有效率，从而相对延长生命长度的过程。时间不仅是一种资源，而且是一种稀缺资源。思想政治教育中时间资源的构成主要有以下三个方面。

（一）社会时势：审时度势

俗语说"时势造英雄"，指的是社会能够造就英才。换句话说，时势之所以能造英雄，是因为人能够蓄势而动，根据当时的情势，谋定而后动，方能胸有成竹。"审时度势"是古代兵家必须要掌握的一种战术，只有看清形势，知己知彼，才能百战不殆。对于教育者而言，教学中若能贯穿时势的解析，做到"两耳听闻天下事"，摆脱"一心只读圣贤书"的狭隘，才能拓展学生的视野，使他们的发展符合社会发展的要求，能够成为全面发展的"社会人"。因此，不管在何时何处，把握时势、审时度势，是我们做好大学生思想政治教育工作各项事情的关键。

那么"时势"究竟何所指？和与其一字之差的"时事"又有什么区别呢？时势就是社会一段时间内的客观形势。上至国家、政府，下至百姓，都可以成为社会热点问题。事件的发起者，重大的政治、经济、文化问题，社会性的体育活动以及个别公众的特殊遭遇，只要具有典型意义或重大价值，都能够引起公众的普遍关注，使之成为社会热点问题，并由这些问题在公众中的流行，体现出当今社会和公众内心的一种势态和趋向。同时，时势也表示一件事情在现如今的外在表现和发展的趋势。而时势与时事虽然有一定的关联，但是区别很大。时事表示的是当今社会上即时发生的各种社会热点问题，而时势则是通过这些热点问题的发生体现出的当前情势和趋势。

时势代表着一种态势，一种格局，它是变动的，因此对个人和集体的作用也不总是相同的。而人则应该随着社会具体情境的变化而变化，正如庄子所提出的"与时俱化"，"与时俱化"是根据具体情境的特点，选择与之相适应的在世或行为方式。行为的这种灵活性、变通性，同时体现了人与外物、人与境遇之间的内在统一。

（二）教育时机：独辟蹊径

《论语·述而》中有言："不愤不启，不悱不发，举一隅不以三隅反，则不复也。"孔子的训导表明当学生处于"愤"或"悱"的状态时，教育者的启发应当如"知时节"的"好雨"一般，要抓住教育的时机。所谓教育时机是受教育者在内在准备的基础上由外部诱因引发的迫切需求某种教育的时刻。当学生在渴求爱护、引导和帮助之时，受教育者心理上出现矛盾激化之时，都是进行思想政治教育的好时机。这时，受教育者往往会以各种方式发出渴望关注的信号，思想政治教育者应善于通过观察学生的言行和举止，及时、准确地捕捉到教育时机，才能促进思想政治教育目标的实现。

首先，在大学生思想政治教育的过程中，受教育者受不同时间段情绪波动和心理变化的影响，会对所收到的信息进行有选择的接受。例如，一定的时间内，人可能对感官上接收的信息产生积极的反应，而在有些时候，则可能产生消极的反应，甚至会有抵触的情绪。其次，受教育者对信息的接受还受原有价值观念的影响。受教育者在接受思想政治教育的时候，并不是一张"白纸"，而是在社会生活中已形成了不同层次的价值观念，而那些价值观念对思想政治教育信息可能造成消减甚至抵消的影响。在这种教育背景下，思想政治教育要通过教育时机的挖掘，找到沟通和连接大学生思想实际的蹊径。

（三）教育时效：瞬间效益

"时间就是金钱""寸金难买寸光阴"等俗语从经济的角度表达时间的可贵，警示人们要珍视时间。爱因斯坦的狭义相对论揭示出时间的特性随着物质运动速度的变化而变化，同一个时钟的时间间隔性在不同的物质运动体系中也是不一样的，会随着运动速度的增加而变慢，运动的速度越快、指针的速率就变得越慢。也就是说，时间是以物质的运动速率为标准的。如人们的速率越快，单位时间中人们所做的事就越多，所拥有的时间相对也就越多。

时间是物质存在和运动的基本形式，是教育活动得以进行的必要因素。而教育时效的提出是借助经济学的原理和方法，把师生耗费于教育活动的时间视为投入的成本，把师生通过单位时间教育活动所获得的身心发展视为产出，而两者之比即为教育时间效益。教育时效概念的提出将时间因素纳入教育的经济效益分析，突出了时效的重要性。

二、时间资源的特征

大学生思想政治教育时间资源具有连续性、稀缺性、专有性、不可再生性等特征。高校应准确把握这些特征，并针对目前在时间资源整合中所存在的主要问题，比如思想政治理论课的课堂时间利用不充分、专业课的课堂时间育人内容匮乏、课堂外的时间资源被忽视等，探索新途径。这些新途径包括提高课堂时间效益、捕捉特殊教育时机、实现大学生思想政治教育日常化和生活化，等等。

大学生思想政治教育过程中如果不整合好时间资源，也就意味着失去了未来的发展空间。只有保证一定量的时间投入和一定质的时间使用，才能保证思想政治教育拥有强大的生命力和实效性。因此，各高校应组织思想政治教育工作者积极研究、掌握时间资源的性能、特点，明白该何时教育、教育多长时间、在具体的时间又该配以怎样的教育内容和方式方法等，做到科学合理地整合时间资源。

三、时间资源整合的途径

成功的大学生思想政治教育是建立在对时间的科学有效的使用上的。鉴于当前高校在大学生思想政治教育时间资源整合中存在的种种问题，高校必须更新观念、创新途径，加大时间资源的开发力度，提高时间资源的利用效益。

（一）精心设计，最大限度提高课堂时间的育人效益

课堂是对大学生进行思想政治教育的主要场所，也占据了大学生学习、接受教育的绝大部分时间。因此，整合好所有课堂时间资源是提高大学生思想政治教育实效性的首要一步，也是关键一步。

首先，思想政治理论课教师要不断提高自身的政治理论素养和教学能力，不断更新教学内容、创新教学方法、改善教学手段，充分把握好、利用好每一个"45 分钟"，全面系统而又简明扼要、引人入胜地把马克思主义理论讲深、讲透、讲活，引起学生的共鸣、兴趣和强烈的好奇心，从而增强思想政治理论课课堂教学的吸引力和感染力，实现课堂时间效益的最大化。

其次，专业课教师要不断提高自身的认识和思想政治教育意识，树立教书育人的观念，认真履行教师的育人职能；还要努力增强本领，提高自己深入挖掘蕴涵在专业课程中的思想政治教育资源的能力，结合自己所教课程的特征以及学生的特征，得心应手地把思想政治教育融入专业课程的教学之中，在给学生传授学科知识、训练专业技能的同时，加强对学生进行技术伦理、科技道德、人文精神等思想观念和行为规范方面的教育，充分发挥专业课程的思想政治教育功能和渗透作用，使学生在学习科学文化知识的过程中，自觉加强思想道德修养，提高政治觉悟，从而实现"成材"教育与"成人"教育的有机统一，实现课堂时间利用率的成倍提升。

（二）留心观察，捕捉各种特殊的教育时机

"机不可失，时不再来。"时机对于任何工作的圆满完成都至关重要。大学生思想政治教育也应准确捕捉、选择、利用各种教育的最佳时机对学生实施教育，以取得事半功倍的效果。

首先，要及时捕捉大学生在校期间各种具有转折性或阶段性标志的时机。例如大一新生入学，标志着大学生活的开始、人生成长过程中一个新的阶段的开端，也正是大学生渴求得到帮助、指引、导向或教育的关键时刻。高校应积极回应大学生的这种需求，充分利

用这一时机开展教育：第一，组织军训，帮助大学生快速走出高考后的那种极度放松的状态，从生理、心理、思想多方面进行强化，使其在走步、整队的简单动作中，深刻体会大学生所肩负的重大历史使命，在增强国防知识的同时增长爱国热情，树立纪律意识和培养艰苦奋斗的作风。第二，实施校史校情教育，帮助大学生尽快了解、接纳自己的学校，进而热爱自己的学校，愿为学校的建设发展添砖加瓦，培养学生的高度责任感。第三，开展校规校纪教育，专门组织大学生学习《大学生手册》及相关的规章制度，使大学生在这些规章制度的规范约束之下，获取一定的思想政治认知，并快速实现角色转换、适应大学生活。再如，还可利用期中、期末考试前的特殊时机，开展诚信教育；利用考试后的时机召开总结会，防止骄傲情绪的滋生或悲观思想的出现；利用临近毕业的时机，开展毕业、就业指导教育，帮助学生树立正确的就业观和择业观，等等。

其次，要及时利用各种传统节庆日、重要历史人物或历史事件的纪念日的时机。比如充分利用春节、清明节、端午节、中秋节、五一劳动节、五四青年节、国庆日、一二·九运动纪念日等重要节庆日和纪念日，举办主题鲜明、形式多样的各种活动，让学生在体验活动的过程中，自觉自愿地接受思想政治教育，而且教育效果往往更好。

最后，要及时捕捉国内外重大事件或突发事件发生的时机。"两耳不闻窗外事，一心只读圣贤书"的时代早已远去，当今时代的大学生思想活跃，信息灵通，他们关心时事，关注国内外发生的大事件。思想政治教育工作者应"投其所好"，针对国内外发生的大事件，在大学生中开展热烈的讨论和积极的引导，这不仅能增强思想政治教育的时代感，还能增强思想政治教育的吸引力和实效性。比如思想政治教育工作者可以通过让大学生参与北京奥运会、上海世博会、全国大学生"挑战杯"科技作品竞赛等活动对大学生进行爱国主义教育，通过组织师生为灾区人民捐款捐物对大学生进行社会主义道德教育，这种教育方法比单纯地进行理论灌输，往往更容易让学生接受并外化为自己的实际行动。

（三）巧妙安排，保证教育时效

首先，重视大学生思想政治教育的相对时间效益、综合时间效益。大学生思想政治教育教学、工作见效慢，它需要投入相当长的时间才能见到成效，也就是教育时效低，容易让人们对它失去耐心。然而，知识的累积永远弥补不了品德的缺憾，因此人们需要正视大学生思想政治教育的艰巨性和迫切性，改变急功近利的思维模式，正视思想政治教育学科实际，重视相对时间效益、综合时间效益。一方面，要重视思想政治教育的相对时间效益，使这项复杂的创造性的教育活动摆脱简单耗时的机械劳动的现象。在教师的教学方式、教学态度以及教学内容上下功夫，不做重复的道德内容的灌输，不以相同的方式反复灌输，杜绝"杀时间"的教育方式。多关注学生的学习态度、学习方式，不采取单一武断的评价方式，不忽视消极接受的学习态度，杜绝"高分低德"的现象。另一方面，要重视思想政治教育的综合时间效益，通过定性和定量相结合的分析方法获得全面客观的评价。人的思想观念作为一种精神因素是不能被直接测量的，但通过对人的可感的言行的观察与测定，可以推测、判断、评定其思想、观念、动机及其精神状态、特征和品质，采用语言和数量的形式进行定性或定量的转化和揭示。只有这样，才能获得尽可能准确全面的个体品德特征信息，由此来反映真实的思想政治教育的时效。

其次，培养时效观念，合理分配时间。大学生思想政治教育工作者只有在主观上珍惜每一次教育活动的机会，才能把时间的无意义损耗降到最低限度，才能通过方法的正确选择、程序的科学安排和环节的巧妙过渡，提高教育时间的效益。一方面，思想政治教育时势、时机、时序的合理安排能促进教育时效向正方向发展。另一方面，教育者需处理好时间资源各要素与其他教育资源的关系。思想政治教育时间资源具有伴随性，并不能单独发挥作用，只有与其他教育资源，如教育内容、教育形式和教育环境等结合起来，相互渗透，才能获得理想的教育时效。此外，思想政治教育工作者以自身的人格魅力感染学生，也可减少说教时间。

最后，进行时间教育，利用好自由时间。有研究者认为，一个人成就的大小，主要不是由他在集体活动中的表现，而是由他在独处时候对待时间的态度决定的。学生对自由时间的利用，也需要思想政治教育工作者的引导，化自由时间为教育时间。教育者应将教育时机的选择、教育时序的安排延伸到自由时间中，并安排得当，才会取得意想不到的时间效益。为了得到较好的教育时效，可在课外举行一些具有优秀思想性和正确价值观的讲座、辩论等，也可以鼓励学生多利用自由时间深入社会，培养自己的社会性，培养主体在面对社会生活中特殊情境时的自由创造的能力，提高道德规范和原则的可实践性，也相应地提升了思想政治教育的时效性。大学生是能动的独立主体，对大学生进行时间教育，使他们充分认识到时间的一维性特征，养成惜时、守时、用时的好习惯。

第六节　信息资源的整合

信息资源，即参与大学生思想政治教育活动并有助于思想政治教育目标实现的各方面的信息组合，包括上级领导部门的目标性、政策性信息，来自教育对象和教育者自身的信息以及社会信息、理论和历史信息、国际信息等。随着经济的持续发展、科技的不断繁荣和社会的日益进步，信息化已逐步融入各行各业，融入人们的工作和生活。当人们意识到信息的巨大作用时，当信息潮水般涌来的时候，信息资源整合这一严肃而重大的课题已十分迫切地摆在我们的面前，给大学生思想政治教育工作者带来了一定的挑战。

一、网络化信息处理方式带来的信息资源整合机遇

网络信息处理的现代化和兼容性带来了大学生思想政治教育信息资源的整合机遇。传统思想政治教育主体素质开发受时间、空间、成本等客观因素限制的问题在网络时代得到了一定程度的解决，极大减少时间、空间和交往成本的"网络虚拟社会"和网络社交形式，为思想政治教育主体素质开发提供了交流空间和网上培训平台，网络信息技术和数据库技术使信息交流和资源共享让实现多重载体信息集成处理和共享服务的现代载体成为现实，有利于拓宽思想政治教育主体素质的开发途径。网络信息处理的兼容性在整合网络载体和各种传媒载体的文本、图形、动画、数据、音频、视频等信息资源方面有着巨大作用，使之既兼有印刷媒体的可保存性和可查阅性，又具备电子媒体的新鲜性和及时性。而且网络在信息存储和检索上的优势使用户可以在网上随时随地检索到任何历史信息，有助于实现思想政治教育信息利用率的最大化。因此，以网络载体为主、兼容多种载体的大学生思想政治教育信息资源的整合成为开发思想政治教育潜力的重要议题。

二、信息资源的含义

大学生思想政治教育作为一种实践活动，自始至终都离不开信息的参与。凡在思想政治教育系统中被加以利用、能减少思想政治教育不确定性的东西都是思想政治教育信息。所谓大学生思想政治教育信息资源，是指思想政治教育者通过一系列的认识和创造过程，采用符号形式储存在一定载体之上的、可供思想政治教育利用的全部信息的总和。其内涵可从以下几方面把握：

①大学生思想政治教育信息资源是大学生思想政治教育者在实施思想政治教育活动过程中所利用、创造的信息的集合；

②大学生思想政治教育信息资源的产生、存在和发展是为了满足思想政治教育实践活动的需要，减少教育过程中的不确定性；

③大学生思想政治教育信息资源产生、存在于社会各项活动（包括思想政治教育活动）中，并随着社会的发展和社会活动的开展而不断丰富更新。思想政治教育是一个系统工程，思想政治教育信息资源开发作为思想政治教育系统的有机组成部分，对提高思想政治教育的实效性具有重要意义。

大学生思想政治教育信息资源是一个有机的系统，按照不同的标准可以划分成不同的类型，而按照不同的联系方式还可以形成不同的结构模型。从系统论角度看，思想政治教育过程中的每个要素都关乎思想政治教育的效果，它们既是信息的载体，也可以转化为信息本身。据此，大学生思想政治教育信息资源可划分为思想政治教育客体信息、主体信息、环境信息和介体信息。而根据信息的来源，思想政治教育信息可以分为内源信息和外源信息。内源信息源于思想政治教育系统内部，与思想政治教育决策、计划、协调直接相关，推动和控制着思想政治教育活动和管理；外源信息源于思想政治教育系统外部，对思想政治教育起到了重要的参考作用。

三、信息资源整合途径

从总体上看，大学生思想政治教育信息资源极其丰富。但它要经过一个开发、选择、建构和整合的过程，才能形成一个富有内在逻辑的结构系统。用系统论的观点对大学生思想政治教育信息资源进行优化与整合，能为思想政治教育的决策和实施提供科学依据。

（一）大学生思想政治教育信息资源要素的完整性

大学生思想政治教育信息资源和其他系统一样，都包含着多个作为系统重要组成部分的子系统，这些子系统既是构成思想政治教育信息资源的要素，又是由低一层次的、更小的要素组成。思想政治教育信息资源包含的内容非常广泛，涉及教育过程中的方方面面。在大学生思想政治教育信息资源开发中，缺少或只强调某一方面信息资源开发的现象都是不和谐的。因此，在整合思想政治教育信息资源时，首先要坚持开发信息的完整性，注重全面开发包括主体信息、客体信息、介体信息、环境信息等在内的各方面的资源。同时，每个要素又是一个子系统，包含了更多的要素，如思想政治教育介体信息包括思想政治教育内容、方法等方面的信息。思想政治教育内容方面的信息是由政治教育信息、思想教育信息、道德教育信息、心理教育信息等构成。在坚持思想政治教育信息资源要素完整的同时，应深入分析和了解每个信息子系统或要素的基本状况，对其好坏优劣有个基本判断和把握，使思想政治教育信息系统的要素不断齐全完备。

（二）大学生思想政治教育信息资源结构的协调统一

信息系统中各种思想政治教育信息资源不是偶然堆积、任意选择的，思想政治教育信息系统作用的发挥，不仅取决于它由什么样的要素构成，还取决于系统的结构，取决于思想政治教育信息系统内部诸要素的相互作用、联系的方式。作为思想政治教育者，要对大学生思想政治教育信息资源的内容进行合理配置，要从总体上加以协调统一，把内部结构方式调整到最佳状态，形成一个组合有序的和谐布局，使之发挥最大的整体功能。具体而言，要根据社会发展的需求和受教育者自身发展的需求，在教育的过程中及时调整思想政治教育信息资源开发的重点，有效地组合不同类型、不同性质的思想政治教育信息资源，使主体信息、客体信息、介体信息、环境信息有效结合，以增强大学生思想政治教育的针对性。例如在教育内容方面，横向上，始终以政治教育为主导，理想信念教育为核心，把思想教育、政治教育、道德教育、心理教育四大内容子系统组合成完善的思想政治教育内容信息体系；纵向上，要立足现实，与时俱进，借鉴历史，面向未来，不断开发、丰富、组合思想政治教育信息资源，以提高思想政治教育信息资源的科学性。

（三）将"物联网"技术融入大学生思想政治教育资源整合中

物联网是指物品通过各种信息传感设备，如射频识别（RFID）、红外感应器、全球定位系统、激光扫描器等，按约定的协议，把物品与互联网连接起来，进行信息交换和通信，以实现智能化识别、定位、跟踪、监控和管理的一种网络。其目的是让所有的物品都与网络连接在一起，方便识别和管理。物联网技术的发展推动着人类社会生活方式的变化，许多高校已将它运用到了大学生思想政治教育资源整合的过程中。它将创新网络思想政治教育的服务功能，促进网络思想政治教育资源整合和环境建设，并将变革教育模式和学习模式。

在物联网中，资源池被称为"云"。"云"是一些可以自我维护和管理的虚拟资源，通常是一些大型服务器集群。在服务器上通过运行专门软件实现自动管理。用户可以动态申请资源，支持各种应用程序的运转，无须为烦琐的操作细节而烦恼。利用"云"计算服务，教育者可以隐性地对大学生进行价值观的教育与引导。物联网环境下的网络思想政治教育将整合海量而零碎的国内外思想政治教育网络资源，受教育者可以根据自己的需求，通过轻松的鼠标点击，向资源库申请各项服务。

可以说，大学生思想政治教育的信息资源是取之不尽、用之不竭的，还有许多的教育资源有待于我们研究、发掘和整合。当前，我们要站在时代、战略和历史的高度，本着对学生、对社会负责的态度，广泛开展研究和调查，采取积极有效的办法，加强大学生思想政治教育资源的整合、开发和利用，努力发掘和整合更为广泛的思想政治教育资源，形成校内和校外的合力、现实和虚拟的合力，使大学生思想政治工作真正做到与时代同步伐、与祖国共命运、与人民齐奋斗，真正完成神圣的育人使命。

第七节　文化资源的整合

文化育人已成为高校思想政治教育的重要时代使命和有效途径。作为"十大"育人体系的重要组成部分，文化育人也是"大思政"背景下高校思政工作开展的重要着力点。综上所述，有效地整合高校思想政治教育文化资源，对于开创新时代高校思想政治教育工作新局面，着力培养担当民族复兴大任的时代新人具有极其深远的意义。

一、"大思政"和思想政治教育文化资源的内涵

（一）"大思政"的内涵

所谓"大思政"，是指将诸多具有思想政治教育功能的因素通过特定的形式和有效的机制有机整合起来，构建形成全员、全过程、全方位的高校思想政治教育育人格局。

（二）高校思想政治教育文化资源的内涵

高校思想政治教育文化资源是指可供教育者开发利用的、承载一定思想政治教育信息并且具备思想政治教育功能和价值，对于高校思想政治教育工作开展具有积极推动作用的文化要素。

具体来说，高校思想政治教育文化资源包括以下几方面内容：

第一，中华优秀传统文化。中华优秀传统文化是历经几千年历史所沉淀下来的宝贵精神财富，蕴含着中华民族世代积累和形成的思想智慧、文化基因，是中华民族在世界文化舞台中站稳脚跟的根基。重视国家利益，强调奉献精神，推崇"仁爱"精神，主张与人为善，倡导亲仁善邻、团结协作，重视修身自律、追求理想人格，倡导诚实守信、注重道德践行等等都是中华优秀传统文化的集中表现。

第二，革命文化。革命文化是指中国共产党自成立以来，在革命、建设和改革过程中，领导人民在斗争中培育和形成的文化，是红色基因的传承和体现，承载着中国共产党人的坚定理想和可贵品质，是实现中华民族伟大复兴的宝贵精神力量。中国革命道德是革命文化的重要组成部分，是指中国共产党人、人民军队、一切先进分子和人民群众在中国革命、建设和改革中形成的优秀道德。具体表现为：为实现社会主义和共产主义理想而奋

斗，全心全意为人民服务，始终把革命利益放在首位，树立社会新风，建立新型人际关系，修身自律，保持节操。

第三，社会主义先进文化。社会主义先进文化积淀于新中国成立后的社会主义改造和建设，成熟于改革开放以来的时代变革，是我党在思想和精神层面的鲜明旗帜，是不断推进中国特色社会主义文化建设的强大动力，是中华民族坚定文化自信的可靠保障，是实现中华民族伟大复兴的精神支撑。

二、高校思想政治教育文化资源整合的必要性

（一）构建"十大"育人体系的现实需要

教育部党组在《高校思想政治工作质量提升工程实施纲要》中，明确提出"一体化构建内容完善、标准健全、运行科学、保障有力、成效显著的高校思想政治工作质量体系"，并提出构建"十大"育人体系。文化育人质量提升体系是该体系的重要组成部分，这就要求各高校，有效整合思想政治教育文化资源，使各类有意义的文化资源相辅相成，更有效地被应用于高校文化育人的大环境中，使文化育人在高校思想政治教育工作体系中发挥最优作用。

（二）大学生坚定文化自信、提升文化素养的需要

中国特色社会主义进入了新时代，高校思想政治教育工作肩负着培养担当民族复兴大任的时代新人的历史使命。对高校大学生进行深入有效的文化自信教育，引导其树立坚定的文化自信，帮助其提升自身的文化素养是高校思想政治教育重点任务之一。若要提升文化自信教育效果，必然要求高校将思政教育文化资源有效整合，在保证文化资源作用最大化发挥的基础上，实现文化育人质量提升。

（三）大学生培育和践行社会主义核心价值观的需要

社会主义核心价值观深深根植于中华优秀传统文化，生成于中国特色社会主义建设实践，集中体现着伟大中国精神的深刻内涵。青年人的价值取向对于未来整个社会的价值取向起着决定作用。在全社会培育和弘扬社会主义核心价值观，需要大学生始终走在时代前列，成为社会主义核心价值观的坚定信仰者、积极传播者、模范践行者。高校在大学生中开展社会主义核心价值观教育，必然需要文化育人为其提供助力，文化资源整合在此就显得尤为重要了。

（四）高校思想政治教育工作质量提升的需求

整合思想政治教育文化资源，可以极大丰富高校思想政治教育的理论和实践内容，创新并拓展文化育人的有效模式，提高文化育人的系统性和针对性，从而进一步提升高校思想政治教育工作的质量和效果，促进新时代高校思想政治教育工作新局面的开创。

三、"大思政"背景下高校思想政治教育文化资源整合路径

（一）发挥中华优秀传统文化的基础教育作用

中华优秀传统文化是中国特色社会主义文化的源头。要加强对中华优秀传统文化的挖掘和阐发，使中华民族最基本的文化基因与当代文化相适应、与现代社会相协调，把跨越时空、超越国界、富有永恒魅力、具有当代价值的文化精神弘扬起来。

综上所述，在整合高校思想政治教育文化资源的过程中，要充分发挥中华优秀传统文化的基础教育作用，通过多种有效途径带动大学生对中华优秀传统文化建立深刻认识，进而产生情感共鸣，最终形成继承弘扬中华优秀传统文化的自觉意识。

第一，建立中华优秀传统文化课程体系。高校思想政治理论课是高校思想政治教育的主阵地，与此同时其也成为中华优秀传统文化教育在高校展开的重要渠道。在该类课堂中，教师应在课本原有的内容基础上，积极增加中华优秀传统文化相关内容的教学，将传统文化教育与课程教育完美融合，丰富传统文化教学内容。除了理论讲授以外，也要将中华优秀传统文化融入实践教学环节。在高校各门专业课中，教师也要积极寻找本专业内容与中华优秀传统文化可紧密结合之关键点，指导学生将中华优秀传统文化与专业知识相结合，在未来的职业道路上继承弘扬中华民族的优秀文化基因。另外，高校亦可开设与中华优秀传统文化相关的公选课，定期举办专题讲座，为学生了解学习中华优秀传统文化提供更多样的途径。

第二，建立校外实践教育基地。高校应适当选择周边的历史文化古迹、民间艺术发祥地、非物质文化遗产产生地、博物馆、艺术馆等，将其建设成中华优秀传统文化的校外实践教育基地，利用思政课实践教学、暑期社会实践、校外活动等途径，为同学们尽可能多地提供与中华优秀传统文化亲密接触的机会，使其通过耳濡目染深刻感知中华优秀传统文化的魅力，从而激发其对民族文化的热爱之情。

第三，建立中华优秀传统文化学习交流展示平台。鼓励学生建立与中华优秀传统文化相关的社团，鼓励具有生活艺术才能和传统技能的优秀学生代表在社团中发挥影响力和号

召作用，吸引更多的同学投入到传统艺术和技艺的学习中。学校、学院定期举办与中华优秀传统文化相关的艺术展示活动、文艺演出活动、技艺竞赛活动，激发同学们的学习热情和动力，在学校中营造良好的文化氛围，使每位大学生都成为中华优秀传统文化的坚定继承者和积极践行者。

（二）挖掘革命文化的激励教育作用

革命文化具有跨越时空的超强感染力和震撼力，是永远激励我们前进的宝贵精神财富。将革命文化资源整合，应用于高校思想政治教育，有助于大学生继承和弘扬伟大的中国精神，激励大学生，在实现中华民族伟大复兴的中国梦的实践中砥砺前行。

第一，将革命文化资源融入高校课堂。高校应当积极整合和运用革命文化资源，结合现代化的教学手段，将其适时有效地运用于思想政治理论课的教学过程，对大学生进行系统的革命文化教育，引导学生深入了解革命文化的形成、发展、主要内容与巨大价值，从而提高思想政治理论课的教学效果。此外，充分发挥高校党课对革命文化的宣传教育作用，引导学生中的积极分子努力提高自身思想觉悟和先进性，从而在同学中发挥榜样带头作用。专业课教师也要将本专业领域积极弘扬革命文化、革命道德的先进典型人物事迹引入课堂，从而配合思政课、党课的开展，形成资源整合、教育合力。

第二，积极利用革命文化资源开展实践教育活动。各地高校应结合当地实际，充分利用当地的革命文化资源，为高校思想政治教育建立有效的实践教育途径。高校可将当地的红色教育基地和爱国主义教育基地发展成大学生革命文化教育的另一课堂，为高校思政教育拓展实践空间。同时，可以通过在教育基地开展各类体验式教学，使大学生以直观的方式接受革命文化教育。

第三，加强校园革命文化建设。在高校开展文化活动的过程中，将革命文化与校园文化有机结合，使革命文化在大学校园里随处可见、可感、可学，使大学生在深入了解学习革命文化的过程中，自觉用革命文化浸润自己的心灵、提升自己的思想。例如在校内建立革命文化教育园地、在学生中成立革命文化宣讲团、举办革命文化展览、定期举办校院两级革命文化主题活动、鼓励各自然班定期举办主题班会等。

（三）注重社会主义先进文化的示范教育作用

社会主义先进文化始终坚持弘扬社会正气和正能量，是中国特色社会主义建设的强大精神动力。以爱国主义为核心的民族精神和以改革创新为核心的时代精神便是社会主义先进文化的生动展现。社会主义核心价值观生成与中国特色社会主义建设实践同当今中国最鲜明的时代主题相适应，是当代中国精神的集中体现，是中国特色社会主义本质规定的价值表达。引导大学生培育和践行社会主义核心价值观是高校思想政治教育工作的重中之重。

第一，将中国精神教育和社会主义核心价值观教育贯穿高校教育教学全过程。中国精神和社会主义核心价值观相关内容本就是高校思想政治教育课程中的重要构成部分，高校应充分利用思政课这一重要平台，深入挖掘这些文化资源的深刻内涵和教育价值，提高思政类课程的教学效果。同时，高校应在资源整合的基础上，将社会主义先进文化教育贯穿高等教育全过程，贯穿专业课，贯穿实践类课程，贯穿日常的思想品德教育，使其走进学生的生活，内化于学生的心中，外化于学生的行动。

第二，发挥先进榜样的模范带头作用。在高校中寻找中国精神和社会主义核心价值观的积极践行者，深入挖掘他们的优秀事迹，为大学生树立身边的榜样，使其在榜样示范作用的带动下，在榜样精神的引领下，进一步坚定崇德向善的决心，深入领会社会主义先进文化的崇高力量，自觉培育和践行社会主义核心价值观。

第三，以社会主义先进文化为依托，建立高校德育园地。高校应以社会主义先进文化为指导和依托，整合校内外资源，加强部门联动，建立校园德育园地，为社会主义先进文化的宣传和师生在修德方面的相互学习交流提供平台，为大学生进行社会主义先进文化的理论学习和实践训练提供有效指导和广阔空间。

（四）开发高校校园文化的引导教育作用

高校校园文化建设是通过开展一系列的文化活动来潜移默化地提升同学们的思想境界和道德情操的。可见，校园文化建设具有一定的思想政治教育功能，校园文化资源可以为高校思想政治教育的有效开展提供可靠助力。加强校园文化建设可以从以下几点着手。

第一，以社会主义核心价值观引领校园文化建设，以此为基础营造充满正能量的校园氛围，为大学生提供正确的价值导向。

第二，以自身历史发展为背景，以学科特色为参考，以未来发展目标为动力，本着既体现历史传承又结合时代特色的原则，培育大学精神。将大学精神作为高校极为宝贵的文化资源融入学生的日常生活和学习，引导学生深刻领会大学精神的含义，用大学精神灌溉自身思想、指引自身行为，激励自身不断前行、开拓创新。

第三，高校应定期在校内开展形式多样的文化活动，主题可以围绕弘扬中华优秀传统文化，弘扬中国革命道德等，例如红歌合唱比赛、书法比赛、茶艺比赛、中华传统礼仪大赛等，活动目的是让学生在亲身实践中感受文化的力量，提升自身文化素养和道德情操，进一步坚定文化自信，提升自身的思想政治水平。

　　第四，积极加强校园网络文化建设，发挥网络文化的思想政治教育功能，借助新媒体的力量进一步激发学生的学习积极性和主动性。具体来说，高校可以通过建立弘扬正能量的微信公众号，制作弘扬正能量的微电影、动漫视频等网络文化产品，进一步发展校园网络文化建设。

第九章 大数据时代智能终端载体建设在高校思政教育中的应用

第一节　智能终端载体与思政教育载体的概念

近年来，伴随移动通信技术的成熟商用和互联网全球范围内的普及，新兴媒体尤其是智能手机媒体以迅雷不及掩耳之势迅速占领了高校校园，当代大学生的学习、生活、交友等多个方面都受到了不可忽视的影响。对新媒体背景下手机新媒体的含义、信息传播特点和功能的阐释以及对思政教育载体概念的界定，为智能手机媒体成为思政教育载体提供了理论铺垫。

一、智能手机媒体及其信息传播特点

（一）智能手机媒体

随着第三代移动通信技术的兴起和成熟，5G 移动通信技术将互联网技术和数字媒体技术合二为一，使手机成为集通信、文字、图像、音视频、游戏等众多功能于一体的便携式新兴多媒体，提供包括短信、手机报、手机广播、手机电视、手机游戏、无线互联网等在内的多种业务。从"新媒体"的技术角度而言，网络媒体、手机媒体和互动性电视媒体是新媒体的典型形态，而手机媒体是新媒体的最主要表现形式。

从传播内容及特点的角度来看，手机媒体是借助无线通信、互联网等技术手段，将文字、图像、音视频等信息通过移动终端接收和发送，最终实现双向或多项互动的信息传播新媒体。

从手机的使用功能的角度来说，手机媒体是集通信、影音、游戏、娱乐众多功能于一体的上网通信工具，在查阅大量书籍、期刊之后，从手机媒体的传播内容、特点以及对人们的影响等多方面综合考虑，认为智能手机媒体是通过传递文字、图像、语音、影音等多

种信息形式，依靠无线通信和互联网技术，及时高效地实现人人互动、信息共享的实践活动载体。

智能手机媒体不仅通过传统的手机短信、手机报等文字形式来传递信息，以语音为时代标志的微信、实时对话 IVR（互动式语音应答）已然成了一种新的信息潮流。智能手机媒体以形式多样、大众喜爱的附加值业务，毫无疑问地成为最佳个人移动多媒体。

（二）智能手机媒体的信息传播特点

智能手机媒体在符合信息传播的需求下，将网络化、社区化、工具化、全球化、互动化和个人化这六个基本要求融于一体，同时还具有完全的个人隐私性、高度的携带性和强大的多媒体功能。

第一，传播范围广。智能手机是当代大学生的不二选择，其与全球传播网的互动将促使人类的信息传播系统发挥越来越重要的作用，为思政教育信息的广泛传播创造良好的发展环境。

第二，传播互动性强。互动性包括两层含义，一是指信息发布者与受众之间的信息互动交流，二是指信息受众在交流过程中有把控权。报纸、广播、电视、电影等传统传播方式往往是单向的，电话、面谈能很好地实现双向互动。受众可以通过手机邮件客户端、手机短信、手机微博和各种应用程序等多种方式实现交流互动。手机媒体信息传播的双向互动优势更加明显，正因为手机媒体便携性和私密性的特点，让受众敢于在网络中展现真实的自我，充分利用碎片化时间实现信息的共享和交流。这种互动性很好地改变着过去一贯为之的单方面的灌输式的教育方式，被教育主客体之间的有效互动所取代，从而营造出更融洽、和谐的思政教育氛围。

第三，传播内容丰富。智能手机通过文字、图片、音视频等丰富多样的传播形式，将呆板的教育信息以生动形象的、引人深思的内容表达出来。而且随着三网融合技术的不断推进，手机网络、互联网络和广播电视网络合为一体也成为现实，网络上传输的数据更加丰富，三网融合的受益者将是广大手机用户群体。

第四，传播个性化特点突出。大众传播媒介打破了传统教育传播方式，同质化的教育内容通过大众媒介可以高效、快速、无差别地传播给受众。新媒体的出现，加剧了信息的分众性，催化了信息的个性化。分众的对象已经不是模糊的某类群体，而是具体的具有某些相同特点的某一类人。在教育实践活动中每个人的特点各异，需求千差万别，同质化的教育内容不再能满足受教育者对信息多变的需求。对于手机媒体而言，一部手机对应一个号码，一个号码对应一个用户，个众传播、个性化的信息服务定制的效用十分明显。个性化、个体化的信息传播特点在此基础上也愈加突显。受众对象从大众到分众的转变，到最后只针对受教育者个人，每一位手机用户可以根据自身需求和特点定制不同的教育服务内容，信息传播的增值效用不仅越来越强，服务的个性化特点也越来越明显。

二、思政教育载体的含义与本质特征

（一）高校思政教育载体的含义及特点

20世纪90年代初，载体一词运用于思政教育领域，这一概念既要求符合一般载体的含义，又必须包含思政教育领域的特殊要求。综合分析，思政教育载体是指能够承载、传导思政教育因素，能为思政教育主体所运用，且主客体可以借此相互作用的一种思政教育活动形式。

在科学技术日新月异、国内外环境日渐复杂的环境下，某些大学生的思想多元性、道德麻木性、素质弱化性都必须引起教育者的重视，必须密切关注学生发展，结合时代发展新背景，在传统思政教育的基础上，与时俱进，破冰前行，迎难而上，不断丰富载体形式。教育对象的特定性是高校思政教育的鲜明特点。活动的顺利开展必须依靠一定的载体。高校思政教育载体指的是学校思政教育工作者（主体）在向思政教育受教育者（客体）进行思政教育的过程中，承载和传递思政教育内容和信息，能为思政教育主体所运用，且主客体可以借此相互作用的一种思政教育活动形式。作为高校思政教育载体必须同时具备两个条件，一是必须承载思政教育信息，能为思政教育主体所操作，其内容包括思政教育的目的、任务、原则和内容。载体作为一种中介工具，总要承载一定的内容和信息，并传递给思政教育客体，同时能被实践主体操作，高校思政教育的载体也不例外。形形色色的载体都能承载一定的教育信息，但是不能被主体控制和操作的不能称为思政教育载体。二是必须联系主体和客体，主客体可以借此形式发生相互作用。在这个过程中，相关信息得以有效传递。由此可见，教育过程是主客体都在发挥作用，而不是主体或客体单方面的活动过程。一个完整的思政教育过程，教育主体和教育客体都是不可或缺的。

总之，必须具备以上两个基本条件，才能被称作高校思政教育载体，也只有对此加以有效的利用，才能更好地开展高校思政教育，在日新月异的网络通信技术变化下，切实把准大学生脉搏，对症下药。

（二）高校思政教育载体的本质特征

特征是一事物区别于他事物的显著标志，从不同理论角度定义，高校思政教育载体会呈现不同的表征。从其内涵上着手分析：第一，活动性。活动性决定了高校思政教育载体的特殊性。载体的设置和作用发挥的前提条件依赖于教育者和受教育者的直接参与，离开了受教育者的参与活动，载体就失去了存在的价值。第二，承载性。承载性是指思政教育载体承载着信息，如教育目标、教育内容、教育原则、教育任务等。抽象的思想观点、政治观念和道德规范不会被人们主动接受、内化，没有有效的思政教育载体来承载、分解、具象这些抽象教育内容，是很难达到教育目标和教育要求的。唯有通过有效载体承载具体化、形象化、生动化的内容，这些抽象的信息才能对客体产生影响，各种信息之间才会实现互动交流。第三，传导性。高校开展思政教育的目的是将社会所要求的思想观点、政治观念和道德要求传导给学生，要求学生将其内化为自我意识，并以此指导自己的行为。承载性只是为了更好地实现目的的手段。第四，关联性。思政教育载体的缺位会导致教育主客体之间无法有效联系，当教育客体需要教育主体的引导、帮助时，会因为缺乏有效的载体而无所适从。缺乏有效的沟通交流，信息就不能很好地传递，那么思政教育载体的传导性也就无用武之地。第五，互动性。在相互作用的过程中，主体需要借用一定的载体作用于客体，客体也通过一定的载体作用于主体，正是因为二者之间有了载体这个实践活动形式，主体和客体才能真正形成一种双向互动关系。只有在主客体相互关联的基础上，互动性才能成为可能。第六，可操作性。如何有效地运用思政教育载体，教育主体依然是关键。虽然移动互联网的发展和大学生自主意识的提高使得学生的主观能动性越来越强，但这并不意味着教育主体主导地位的丧失。

高校思政教育载体的建构，一是有利于校园思政教育活动的开展。高等院校培养人才，专业素养过硬是目标，但思想健康却是基础。高校通过思政教育活动，端正学生的世界观、人生观、价值观，为其营造良好的校园文化氛围；通过有效的载体，确保教育活动的顺利开展。二是有利于有效整合教育资源。思政教育信息散落在校园中的各个地方。各种规章制度、校园建筑物、学校舆论、校园活动或多或少都包含着思政教育信息，载体的构建恰好满足了信息有效传递的条件，通过丰富多彩的信息融入这些活动中，通过丰富多样的活动形式，达到潜移默化的教育作用。三是有利于增强教育信息的实效性。思政教育载体随着时代的变化而不断创新，思政教育工作仅仅依靠传统的教育载体已经不能完全适应这个多元的信息社会，必须不断选择和运用新的教育载体，发挥现代大众媒介容量大、速度快、双向沟通能力强的特点，强化思政教育的实效性。

三、高校思政教育智能手机载体的内涵界定

智能手机媒体是承载、传递高校思政教育的有效载体，是大众媒介载体中传播速度最

快、蕴含信息最丰富、互动性最强的新媒介。高校思政教育智能手机载体的指向性十分明确，指在高等教育领域内，针对在校大学生的认知特点和心理变化，依托新兴智能手机媒体，承载、传递思政教育的内容和信息，用正向、丰富、积极的手机媒体信息引导大学生的思想观点、政治观念，在此过程中，教育者和受教育者能够实现双向互动，并且能为教育者所操作的一种思政教育活动形式。手机媒体具备了成为思政教育载体的必备条件。

第二节　智能终端载体作为思政教育载体的必要性及可行性

智能手机如今已成为人们的生活必需品，其功能已经不再局限于人与人之间的沟通交流，还兼具共享信息、生活娱乐的功能，它对高校思政教育的建设有着潜移默化的作用。作为现代信息传播交流的第五代先进媒介，手机媒体给我们带来了一种新的交流平台和新的发展机遇，智能手机媒体成为高校思政教育载体不仅"可以为之"，而且"必须为之"。

一、智能手机媒体对大学生的影响

（一）智能手机媒体对大学生的积极影响

第一，智能手机媒体扩展了大学生思想进步的空间。各种即时交互的交流软件备受学生青睐，使用比例也比较高。显然，在信息横流的时代，智能手机媒体对学生的相互交流起到了纽带作用。大学生通过手机网络搜索自己关注的内容，如当前热点问题、思政理论课案例等，同时这些浏览数据将同步存储。相对于传统的书籍、电视、广播等媒体，手机媒体使学生获取资讯的速度、效率及质量都有很大的提升，这些改变不仅有助于学生视野的拓宽、意见的互相交流，也有助于培养学生的爱国主义情怀和忧民之苦的意识，引导正确价值观的形成。

第二，智能手机媒体拓宽了大学生自主发展的平台。手机游戏、手机应用、手机视频的盛行，为运营商带来经济利益，为学生带来欢乐的同时，也激发了部分学生的创新思维。开发一些小型的手机单机游戏，拍摄一些搞笑视频，改编一些网络流行歌曲对学生创新思维能力的提高都有很大的帮助。海量的信息扩散和不同文化观念的交流碰撞让大学生的生存空间愈大又愈小，他们在期望获得更多人理解和认可的同时，也在努力展示自我，突显自己的个性。以智能手机媒体为平台，拓展交往范围，为自我发展提供了便利。智能手机媒体让受众的自主创新性得到空前增强，美化生活、推崇个性成为共识。

第三，智能手机媒体丰富了大学生的校园文化生活。手机的娱乐影音功能作为手机媒体的一个重要分支极大地丰富了手机媒体的内涵，深受学生的欢迎。广范围、广覆盖的手机媒体信息，让大学生获取一手信息成为稀松平常的事情，对热点事件的关注也在持续升温，点评、转发、收藏让大学生不再是被动的信息接收者，接触新鲜事物，更加拓宽了自己的视野，提升了自己的思想，提供了独立思考的时间和空间，提高了自己的精神素养。随着"一站到底""汉字英雄""成语英雄"等益智类综合节目的火热播出，同款手机应用程序也已经全面上线，同时还可以随时登录这些节目的官方微博，和节目组进行互动。这些益智类手机模拟游戏，在丰富大学生课余生活的同时，对提高学生的文化素养、了解国学文化、增强民族自豪感也起到了很好的激发作用。

（二）智能手机媒体对大学生的消极影响

第一，智能手机媒体导致部分大学生认知出现偏差。手机媒体传播的信息包括各种服务信息、诈骗信息、谣言类信息，这些信息的快节奏传播，多层次交叉传递，在不同程度上影响着大学生的思想和行为。网络语境中的"去中心化"在客观上消解了主流意识形态的渗透，大学生缺乏明确的价值指引，容易滋生对主流文化的反叛态度，转向迷惑性较强的舆论氛围中。网络"公知"们的口舌之战，使网络信息更加扑朔迷离，容易导致部分大学生在认知上产生偏差。

手机媒体是大学生获取信息的主渠道，如果打开网页搜索到的头条新闻总是真假难辨、负面的、虚假的信息，那么对大学生正确价值观的形成将造成很大的阻碍。同辈群体之间的影响往往更具渗透力和广泛性。如身边同学用某一款智能手机，便容易刺激周围同学的嫉妒心和购买欲。同时手机视频中大量植入的软广告，也刺激了学生的消费心理。

第二，智能手机媒体导致部分大学生情感形成脱节。大学生在享受手机上网带来的便捷、娱乐的同时，也因过分依赖手机媒体，成了手机的"奴隶"、手机网络的"受害者"。大学生对新鲜事物的接受程度往往较快，紧跟时尚潮流但是问题也随之而来，热衷于手机上网的青年学生，表现出对手机的过分依赖，哪怕一小会儿不碰手机都会觉得心里难受、胸闷、烦躁不安，对现实生活失去兴趣。智能手机的过度使用容易让大学生沉溺于虚拟世界中无法自拔，就如患上了网瘾一般，忽视了现实中的人际交往和真实的情感需要。课上课下"机不离身"，醒着睡着都在玩手机，导致学习成绩下降，生物钟颠倒，现实人际关系淡化，情感冷漠和萎缩，一切注意力都聚集在小小的手机媒体上，关注手机另一端的"陌生人"，而忽视了周围的朋友。

第三，智能手机媒体导致部分大学生出现行为失范。大学时期是青少年的"第二心理断乳期"，大学生承受着各方面的压力，情绪起伏波动很大。除了学业压力之外，还受到工作压力、人际压力、情感压力等多方面的困扰。手机媒体具有的可携带性、互动交流性、娱乐性等独特的特点恰好迎合了大学生的心理需求，自然而然成为他们逃避现实、排遣寂寞、疏解压力的"小贴士"。

大学生网络不良行为表现在两方面，一方面是外显行为，一方面是内在变化。大学生的校园生活和社会实践生活多姿多彩，因为社团活动、学生会活动、课外兼职甚至是辅导员的手机召唤，离开课堂的学生不在少数。依靠新兴技术手段作弊的现象屡禁不止，利用手机互传答案、搜索答案是频发的问题。这不仅对平日下苦功用心学习的学生不公平，更是对自己的极大不负责任。现在国家对发布传播、转载虚假信息做出了严格的法律规定。学生使用手机媒体只要轻轻一点屏幕就会把信息传递出去，只关乎个人喜好，而忽视了每个人都拥有一个或大或小的影响圈，这些信息反过来又会影响别人，形成多次交叉传播。

二、智能手机媒体作为思政教育载体的必要性

（一）思政教育载体与时俱进的体现与要求

智能手机媒体与大学生的生活息息相关，几乎每个学生都拥有一部智能手机。每个人的生活都离不开手机，甚至依赖着手机。选择科学高效的思政教育载体是保障大学生健康成长的重要条件。

一方面，手机媒体已经成为大学生必不可少的生活用品。互联网的出现"真正对于社会发生影响作用的是其带来的人与人之间的信息传播与互动方式的变革"，互联网是推动智能手机媒体发展的技术支撑。学生获取资讯的主要方式已经由纸媒过渡到手机网络，手机媒体已经成为信息集散地和民意聚集地，不仅对学生的价值观念、知识储备、技能训练、性格培养、人际互动有着不可忽视的影响，同时也对高校思政教育的发展有着不可估量的作用。高校要重视智能手机媒体的建设、使用、管理、监督，努力使手机媒体为传播先进文化、践行社会主义核心价值观、实现中国梦搭建有效的平台，为高校思政教育理顺新思路、扩展新空间、创新新方式提供新的宣传阵地，为当代大学生学习中国特色社会主义理论体系的纵深推进创造条件。

另一方面，思政教育载体在实践中不断更新发展。随着时代的发展、科技的进步，思政教育载体的形式变得丰富多样，可利用的大众媒介也越来越多。可以说，高校思政教育载体的创新是信息时代的应有之义，是与时俱进的体现和要求。思政教育的内容在充实、形式在丰富、环境在变化，如果死守僵硬固化的老路，思政教育信息的传播将得不到顺利

开展，思政教育理念的内化将失去生存的土壤，思政教育的效果将事倍功半。高校思政教育的发展必须利用好智能手机媒体，必须有效引导这个舆论氛围，必须随着时代的发展、技术的进步，走在手机媒体发展的前列，不断更新高校思政教育的手段，有效利用智能手机媒体为思政教育工作服务。

（二）思政教育占领传播阵地和引领舆论环境的要求

其一，占领传播阵地的要求。意识形态的工作是党的极端重要的工作。牢牢掌握意识形态工作领导权、管理权和话语权是巩固马克思主义在意识形态领域的指导地位、巩固全党全国人民团结奋斗的共同思想基础的坚强保障。意识形态领域历来是敌人同我们争夺的主要阵地，尤其对青少年更是如此。

其二，占领舆论环境的要求。舆论工作就是思想政治工作，是党和国家的命运所系。某些大学生容易被西方宣扬的所谓"自由""民主"的价值观影响，滋生享乐主义、拜金主义和极端个人主义，导致对西方政体的盲目崇拜和对西方意识形态的向往，淡化了社会主义政治意识形态，道德意识形态也渐趋下滑，最终抛弃崇高的共产主义理想和社会主义信念。网络中发布的各种假信息和失真新闻是网络谣言滋生的"温床"，假消息会严重损坏媒体的权威性，甚至会危害安定有序的社会秩序，不利于营造良好的社会舆论氛围。负向的传媒信息长期干扰着大学生的价值判断，"噪音"的游离使其兴奋点和注意力都被"杂、乱、怪、奇"的信息吸引，许多网络中"漂浮"的信息还未经学生的理性分析就转化为潜在意识。少数意见领袖，即所谓的公知们有意影响和操纵舆论信息，以牟取自身利益。互联网革新了一直以来的以灌输为主的教育方式，网民是舆情的主体，网民表达思想的方式更直接、真实、流畅。不可否认的是，网民因其个人素质高低不同，舆情表达也存在差异，包括因网络虚拟化而忽视法律制约和道德规范的手机网民、因现实生活压力而恣意发表言论和散布谣言的手机网民，各种信息鱼龙混杂，言论应有尽有，有些网络言论不堪入耳，对文字的亵渎、对文明的曲解更是不堪入目，污染了网络环境，影响高校校园，大学生是直接受害者。

充分重视智能手机媒体的舆论导向作用，必须在教育方式上与时俱进，在教育内容上贴合现实、贴近学生情感，完善思政教育监管机制，净化手机网络环境。除此之外，也不能忽视影视作品的健康发展，毕竟思政教育观念的渗透除了条条框框的灌输外，更需要通过文艺作品的演绎和传达。在三网融合的大背景下，手机视频用户规模快速增长。随着智能手机的普及、Wi-Fi资费的下降，手机视频契合了大学生碎片化生活的需求。弘扬中华民族优良传统、歌颂民族英雄、传播正向价值观念的影视作品，如《建国大业》《建党大业》《潜伏》《老有所依》等影视作品，对激发大学生的爱国意识、增强集体观念、强化理想信念、升华大学生的民族自豪感起着重要作用。在手机媒体大行其道的形势下，高校思政教育必须引领网络舆论，给大学生营造一个健康、活泼、向上的环境。

三、智能手机媒体作为思政教育载体的可行性

（一）智能手机媒体的功能为拓展思政教育载体提供了技术平台

智能手机媒体承载量大、移动能力强、传播速度快、覆盖面广、互动性强的优势，拓宽了高校思政教育的教学阵地。高校思政教育工作既可以借助手机媒体丰富的信息源，也可以借助传统媒介和传统教育手段，开展思政教育活动；又可以大范围地、快速地、主动地向大学生传播正向的思想观念、政治观点和价值理念，对相关理论政策的解读也可以在第一时间让学生知晓。学生在学习哲学经典、马克思主义经典著作、中国的马克思主义相关著作及文章时遇到一些困难，可以随时随地利用智能手机媒体上网查询相关材料，和老师、同学互动交流，智能手机媒体这种得天独厚的优势为高校思政教育内容和手段的不断创新创造了条件。智能手机媒体的发展催生了各种应用程序，中国知网、维普网等知名学术网站都有属于自己的掌中应用程序。利用手机媒体的新技术，可以随时了解学科前沿理论，掌握一手热点资料，有利于提高思政教育工作的效率。

学校的中心工作是教学，长久以来，这一中心工作任务并未发生改变，学校的工作重点始终紧紧围绕课堂教学展开。大学是一个开放性、社会性、实践性大课堂，仅仅依靠课堂教学并不能满足学生发展的需要和时代的要求，手机媒体将人际传播和大众传播有效地集合于一体，在很大程度上让信息传播提速、增道、扩路。特别是各种手机应用的开发、各种手机业务的发展，丰富了手机媒体的功能，将刻板的思政教育内容以更为形象、生动、鲜活的形式呈现给广大受众，学生乐于学习，愿意接受。在重大节日和热点事件中，教育者给学生群发信息，让学生及时了解相关情况，避免受到不良信息的干扰和误导，增强大学生的思辨能力。借助移动互联网平台，教育者主动发挥主观能动性，以饱满的激情和对学生真挚的关怀搭建切实可行的校园手机办公平台，以此来增强该平台实际操作的可行性。

我们一直十分重视思政教育工作，思政教育工作的手段随着时代的进步和科技的发展呈现多元化、媒体化发展趋势。传统的思政教育手段有读书、看报、开会、座谈；网络兴起之后出现了 BBS、红色网站、贴吧等形式；智能手机出现之后，微博、微信、QQ 等即

时交互信息载体成为思政教育工作的主要大众媒介，为思政教育的发展提供了技术平台。

（二）　智能手机媒体的特点为增强思政教育的针对性奠定了基础

传统思政教育的对象通常是群体，很难针对学生的个人情况开展思政教育，一是学生个人信息状态有隐蔽性和私密性，难以普遍悉知，二是没有足够的人力物力，一旦学生发生突发情况，往往措手不及。以前的思政工作者在实际工作中经常会出现为了某个学生、某件事情跑断了腿、磨破了嘴的现象。手机信息传播是"点对点""点对面"的传播方式，教育工作者发送信息的对象是固定的学生群体，信息发送的内容、结果和效果都可以很好地进行预判，很大程度上提高了思政教育的实效性。智能手机媒体让信息的及时送达、反馈成为可能。随着高速网络的普及和智能手机媒体的广泛运用，及时交互的手机通信软件成为思政教育工作者及时捕获学生思想动态的工具，一旦出现不良苗头，便可以果断出击，及早为学生做好思政工作，确保学生群体思想积极健康向上、乐观稳定，让思政教育工作更有针对性。手机媒体的大众性传播方式，避免了教育过程中千篇一律的信息传播。世界上每一个个体都是独立的个体，每一个学生都是独一无二的学生。重共性、轻个性的理念方式与新时期广大青年的发展趋势相逆，也不利于创新性人才的培养。教育工作者针对不同的学生个体利用智能手机媒体采用不同的教育方式，传递不同的教育内容，为学生的个性化发展创造了条件。手机媒体个人私密性让彼此间的交流成为隐藏在手机媒体背后的人—机—人交流，相较于传统的面对面的心理辅导方式，更易于被学生接受。很多学生由于个性腼腆、性格内向、表达含蓄而不敢向老师吐露内心情感和思想上的困惑，致使很多老师难以全面获知学生的情况，不能为学生制定有针对性的个性治疗方案，其结果通常是恶性循环。运用智能手机媒体，通过在线情感交流、咨询、互动能够有效克服上述障碍，为大学生提供一个隐秘的，但却能真实表达自己、宣泄内心情感的场所，可以让辅导老师及时了解学生的个人情况，与代课教师、学校相关负责人通力合作，帮助学生攻克难关，真正成长为对社会有益的人。

（三）　教育对象的接受习惯使他们对智能手机媒体有着天然的亲近感

移动通信网络环境下的手机媒体已经当之无愧地成为第五媒体，无论是网络还是手机都对青少年有一种难以言说的吸引力。

首先，浅阅读模式符合新时代大学生的需求，正是由于个众对信息的渴求和关注，智能手机媒体才拥有了更大的舞台。手机媒体的个性化特征，应用程序的个性化运用，都让充满好奇心、对信息渴求愿望强烈的大学生欣然向往。生活的压力、繁忙的工作、焦虑的心情、复杂的人际关系导致人们很难有多余的精力接触视线以外的信息，而智能手机媒体的发展、多种新闻应用工具的成熟商用改变了传统的阅读方式，碎片化的阅读模式让人们随时随地可以了解时事新闻、娱乐八卦、生活趣闻。

其次，自我参与意识滋润了手机媒体在学生中发展的土壤。随着社会的发展，人们的自主意识、独立意识和参与精神都得到了空前的增强。人们更加重视个人价值，话语权增加，人人都想成为公众焦点，这一点恰好迎合了当代大学生敢于表现、善于表达的个性，手机网络的发展为广大青年提供了广阔的发展空间。手机媒体存储海量信息和及时获取信息的特点，不但扩大了大学生的视野层面，更重要的是正在改变着大学生获取信息的方式，同时解决问题的方式也更快捷、更简单。

再次，智能手机媒体体积小、隐秘性强是受到学生欢迎的重要原因之一。手机媒体的便携性改变了过去面对面式的谈话方式，让话语流通的范围更广，内容更丰富，使碎片化的生活千姿百态。大学生生活在一个集约化程度高、受关注程度高和网络高度发达的社会，小错误会被无限放大，这给大学生带来了很大的不安全感。而手机媒体始终不遗余力地保护着用户的隐私。如今有很多网络应用程序，如隐私管理大师、隐私卫士、隐私空间、隐私锁屏和隐私日记等，尽管还存在一些问题，但是不可否认的是这些软件的开发与运用确实极大程度上改善了我们私人空间被侵犯的现状。手机媒体已经改变了大学生的生活，网络购物、网络交往、网络娱乐、网络学习都可以通过小小的手机实现方便快捷的一站式服务，吸引的对象不再局限于商务人士、大学生，越来越多的普通人都真真切切体会到智能手机媒体给人们生活带来的实惠。

总之，智能手机媒体成为思政教育载体不仅可以为之，而且必须为之。这是高校思政教育载体与时俱进的表现，是充分发挥手机媒体思政教育作用的基础，是满足当代大学生信息需求的条件，也是高校思政教育顺应政府要求的应有之义。高校思政教育载体必须不断创新，智能手机媒体必须为思政教育所用。

第三节　加强高校思政教育智能终端载体建设的对策

教育理念是教育思想家乃至整个民族长期蕴蓄和形成的教育价值取向的反映、体现和追求，是关于教育发展的一种理想性、精神性、持续性和相对稳定性的范型，具有导向性、前瞻性、规范性的特征。从这个概念中我们可以看出，教育理念首先是在教育主体对教育对象和教育过程深入认识的基础上的理性认识的成果，是对教育现实的积极思考，具有引导定向的意义。在第五媒体称霸的时代，高校思政教育的发展依然需要秉持先进的教育理念，引导高校学生积极健康发展。

智能手机媒体的诞生与发展促进了高校的思政教育工作内容、形式、手段和方法的创新，对大学生产生了多方面影响，也为高校思政教育工作带来了挑战，这就要求高校教育工作者必须主动占领手机网络阵地，积极利用智能手机媒体，善用手机网络，深入理论研究，在改革中创新，在创新中深化，运用新的媒介开展形式多样的思政教育活动，以期达到更好的教育效果。

一、强化思政教育智能手机载体的教育理念

（一）以人为本的教育理念

思政工作说到底是做人的工作，必须坚持以人为本，既要坚持教育人、引导人、鼓舞人、鞭策人，又要做到尊重人、理解人、关心人、帮助人。高校思政教育工作中必须贯穿以人为本的教育理念。这不仅是坚持以人为本的教育宗旨，同时也是与时俱进的时代诉求，尤其是在手机网络高速发展的环境中，在运用智能手机媒体开展思政教育工作的过程中确立以人为本的教育理念，就是强调高校思政教育在新环境中，必须牢固树立以大学生为主体的教育理念，真正做到言传身教，以身作则，无私奉献，以增强学生的积极主动性，提高他们的自我教育能力，不断丰富和创新教育内容、形式、方法、手段。

人的根本属性是社会实践性，只有社会实践才能使人的认识发生。人具有自然和社会双重属性，但社会属性决定了人的本质。学生的健康发展受自身生理、心理和智力条件的限制，外部环境对学生的塑造至关重要。学生在外部环境的影响中，并不是被动接受，而是发挥主观能动性的成长过程。教育者对受教育者的关心、爱护，为他们提供温馨良好的成长条件，有利于学生的健康发展。

以人为本的教育理念，首先体现在人文关怀上。思政教育坚持以人为本，就是要尊重受教育者，尊重受教育者生存、发展、享受和被尊重的权利。手机网络的普及使教育观念不再局限于课本中的条条框框，教育形式不再拘泥于课堂，四通八达的网络把教育观念、内容在无形中渗透到学生的思想中，教育者关注的重点也从课堂延伸到课外，从课外扩展到网络。受教育者可以随时提出见解，针对某一话题，主客双方可以各自发声，平等发表言论。通过自由对话，教育者可以了解受教育者的思想动态，给予受教育者支持和引导，

让受教育者充分感受到被尊重、被重视、被关注。只有让受教育者感兴趣的内容，才有利于思政教育活动的开展，才能更好地贯彻以人为本的教育理念。手机网络的发展、各种交互式工具的盛行，为教育者提供了便利。只有以受教育者的客观要求作为衡量尺度对思政教育内容和形式进行科学规划，才能最大限度地发挥手机媒介的功效。

以人为本的教育理念不仅体现在教学活动中，同时更要深入校园管理活动中。教育管理的人性化要求管理者一切为了学生服务，一切为了学生便利。在学生的日常生活管理中，要急学生所急，想学生所想，时刻关心学生，时刻为学生服务。

以人为本的教育理念，其次体现在民主精神上。新时期运用智能手机媒体开展思政教育，应该充分考虑到师生之间的平等关系，在不违规违纪的前提下，尊重学生使用手机的习惯。了解学生使用手机网络的特点，针对网络人际关系特点，给予学生充分的话语权，让学生敢于表达、善于表达、乐于表达。教育者与受教育者之间民主平等的关系让教育者在运用智能手机媒体开展思政教育活动时，尊重学生的观点，尊重学生自由表达的权利，在自我学习和师生相互学习间促进双方共同成长。

以人为本的教育理念，也体现在及时的心理疏导上。在多元化的信息世界中，学生成长发展的环境不再是一个封闭的、单纯的、纯粹的学习氛围，复杂的舆情信息、多元的价值理念、各种社会压力，让学生出现各种各样的问题。教育者必须以以人为本的理念及时疏解学生的心理问题。在日常学习生活中，运用各种交互工具，关注学生的个人微博、网络动态，认真分析每一位学生的精神状态，制作针对学生的个性化档案，定期和每一位学生谈心，特别关注某类学生，及时提供帮助，让温暖融化学生冰冷的心，让关爱缓解学生内心的焦虑，让关怀免去学生的后顾之忧。

（二）开放多样化的教育理念

网络是一个不同于以往单一传播方式的立体式的传播载体，其信息覆盖范围更大，传统点线的教育格局已经不能适应当今学生学习的需求，必须以一种全新的立体式的网格化的教育模式取而代之。科学的开放性的教育理念除了表现在教育目标、教育内容、教育观念、教育方式和教育过程的开放，更表现为教育要以开放的观念和心态为学生营造宽松、民主、和谐的学习环境，引领学生在学习中探索，在开放的信息世界中获取有益于自身发展的信息。

智能手机媒体庞大的用户基数奠定了智能手机媒体成为思政教育载体的可能性。高校要用马列主义、毛泽东思想和中国特色社会主义理论体系来武装青年学生的头脑，用社会主义核心价值体系引领青年学生的思想导向。不仅要开发好的"有字之书"，更要注重生活实践中的"无字之书"。信息技术高速发展的时代让高校思政工作迎来了"春天",但要警惕"春天的过敏性现状",特别是教育理念的继承与发展,不能因为有危险就不去接受,也不能因为害怕改变就不去改变。思政教育理论内容本身多是乏味的、枯燥的。开放的教育理念引导教育工作者积极探索适合大学生思政教育的多种方式,吸收各种先进的教育方式和教育内容,借助手机媒体,将一切经典的、时代的、民族的、世界的、现实的、虚拟的资源用于教育活动,激活教育实践,利用手机网络吸收世界上优秀的教育思想和教育方式,为我所用,不断促进大学生自我发展的能力,增强未来的社会竞争力。"在教育上抢到的机遇是最大的机遇,赢得的发展是最具价值的发展,产生的失误也会是最根本的失误。"全球一体化的趋势愈演愈烈,世界各国之间的关系更加密切,在政治、经济、文化等多方面的交流合作愈发朝着深层次、宽领域方向发展,与此同时,人们的思想愈加多样化,自我意识也愈加深化。青年学生尤其如此,智能手机媒体多样化的特点,决定了学生接收信息的内容多样化,形式多样化,影响也必然多样化。智能手机媒体本身就具有多样性的特点,思政教育的形式、方法、手段多样化的同时,教育工作者教育理念也要顺应时代的更新发展,树立超越这一时期教育要求的教育理念。社会是一个急速发展的社会,社会对人才的需求日新月异,人的发展对教育的提质也是时不我待,固化的封闭的人才培养模式已经无法满足多样化的人才需求,搭建终身学习的"立交桥",满足人们多样化、持续性的发展需求是大势所趋。

多样化教育理念需要教育工作者转变教育观念,"以分论好坏"的评价标准已经不能对学生做出客观公正的评价,不利于学生未来的人生规划。智能手机媒体的广泛应用让更多的孩子在网络世界中大放异彩,教育工作者应该及时看到这一点。不拘泥于分数,让更多的教育工作者能够充分挖掘学生的潜力。对学生的思政教育工作也不局限于某一种刻板的形式,按照学生各异的成长轨迹和人生规划,为学生量体裁衣,制定针对性强、实效性强的"个人终极培养方案",让每一位学生都能充分发光发亮。

(三) 个性发展的教育理念

依据马克思主义唯物史观的原理,个人价值和社会价值并存不悖。个人价值是社会价值的前提,社会价值是个人价值的延续,二者相互依存。古老的中国文化和传统观念使思政教育一直注重对学生的社会价值的教育,而忽视个人价值的重要性。个体自由发展的重要性一直被教育者忽视,在一定程度上陷入了"中国式教育"的困境。

每个人的自由发展是一切人的自由发展的条件。因为全部人类历史的第一个前提无疑是有生命的个人的存在,人们的社会历史始终是他们的个体发展的历史,而不管他们是否意识到这一点。手机媒体最大的特点就在于手机的便携性和私密性，手机媒体的普及让媒体的接受群从分众成为个众，每个学生都是个性鲜明的个体。在高校思政教育过程中坚持个性化的教育理念，是对学生负责，也是当今时代对人才培养的要求。个性培养有着哲学上的基础和意义，世界上没有完全相同的两片叶子，自然不会存在两个个性完全相同的学生，思政工作者必须用不同的教育方式和教育手段区别对待每一个学生。个性化的教育观念强调必须承认每个学生存在的差异，要与时俱进，更要因人而异，因材施教。以智能手机媒体的构建为契机，针对个性不同、兴趣爱好不同、条件不同的教育对象，有针对性地、引导性地开展思政教育活动，让思政教育活动成为契合学生心灵需要的个性辅导，促进每一位教育对象的个性化发展。

丰富鲜明的个性化发展是实现社会创新、提高创新能力的源泉。现代教育中鼓励个性张扬，同时也鼓励学生自我发展，为学生自我能力的提升创造一系列的条件。个性化发展的教育理念实质上是以以人为本为基础的教育理念，正因为尊重学生，爱护学生，才会为学生提供个性发展的空间。固化的统一的教育模式不利于个性化人才的培养，不同的教育内容、教育手段、教育方式而形成的个性化教育模式，为实现共性化的教育模式向个性化的教育模式转变提供了技术支持。

关注学生的个性发展，不仅要从教育内容、方式和手段上下功夫，更要多关注学生的感受、满足学生合理的需求，是教育工作者应该做并且是必须要做的。智能手机媒体的发展为教育工作者的日常工作提供了便利，通过手机媒体网络，教育者和受教育者之间会形成积极的互动，教育者会关注学生的内在需求和外在满足是否一致，会关注学生被尊重的需求和自我价值实现的需求。教育工作者应利用智能手机媒体为学生排忧解难，充分发挥智能手机媒体的中介功能，重视学生主观感受的满意程度和情绪反应，为学生营造乐观、积极、向上的生活、学习环境，提升学生的自我境界，让学生在个性发展的同时，能形成以关爱他人为基础、以集体利益为先导的自主个性。

二、加强思政教育智能手机载体的队伍建设

（一）重视高校思政教育智能手机载体的构建

搞好思政工作是我们党克敌制胜的法宝。以智能手机媒体为依托的各类互联网通信工具为思政教育的开展拓宽了途径，这些交互工具契合了当今时代的发展，满足了当代大学生运用高科技手段互相沟通交流的意愿，也是当代大学生学习和生活的必需品，因此学校高度重视思政教育手机载体的构建既应时代情，又合学生意。

手机载体的建设离不开大量资金的支持，高校应加强相关的资金和设备投入。利用手机媒体开展思政教育，只有软件建设是远远不够的，硬件建设也是不可或缺的重点。高校要配置必备的手机通信设施，实现全校范围内手机信号的广覆盖，为学生创造手机上网的条件。要购置必要的手机终端和信息安全监控设备，加大对学校网站的时时维护和学校贴吧的动态管理，引导舆论导向。与当地的移动通信公司强强联合，吸引一定的社会资源，共同出资出力建设相关教育网站和手机服务平台。例如，中国矿业大学研究生微信平台已经和移动通信公司在某些服务上达成共识，推出了一些与大学生生活、就业相关的信息推送服务。这些服务的推出，既满足了学校充分利用手机媒体开展思政教育的需要，使学生享受到优质的教育信息服务，又为移动通信公司带来了经济利益，可谓一举三得。

（二）加强高校思政教育智能手机载体队伍的培养

党政工干部、辅导员和班主任是开展高校思政教育的主力，利用智能手机媒体开展思政教育更离不开这些主力的群策群力。我国思政教育队伍存在"红""专""又红又专"三种情况，"又红又专"的这种理论素养过硬、技术水平又高的队伍毕竟是少数。在第五媒体时代背景下，既要提高教育工作者的理论素养，也要培养教育工作者运用智能手机媒体开展思政教育的能力。

一方面，思政教育工作者必须具备过硬的理论素养。古语有云，"师者，所以传道授业解惑也"，传道是教育者的根本任务。要教会学生如何做人、做什么样的人，教育工作者需要具备坚实的理论基础。首先，思政教育工作者的工作性质决定了他们必须不断提高思政道德素质，坚持正确的政治方向，树立坚定的共产主义理念，始终坚持党的领导，完善自我。其次，思政教育工作者需要不断扩充自己的科学文化知识，以广博的知识体系为基础来适应当今时代的变化发展，把最新的前沿命题运用到实际工作中。最后，思政教育工作者需要不断提高自身的能力。这里专指沟通能力。在日渐多元化的时代，学生的变化也让教育者猝不及防。教育工作者需要真正树立以人为本的教育理念，尊重每一位学生，保护每一位学生的梦想。利用智能手机媒体的各种交互工具，随时随地与学生取得联系，不论线上的沟通还是线下的交流，都要站在学生的角度思考问题，使巧力而不是用蛮力，做朋友而不是树敌人，在互相沟通交流中，探究学生的真实想法，形成和谐的关系。

另一方面，在科技高速发展的今天，思政教育工作者必须提高自己的媒介素养。我国受众长期以来尽心尽力扮演着信息接收者的角色，忽视了对信息的分析、研判、辨析和提取。因此，提高思政教育工作者的媒介素养十分必要。第一，提高思政教育工作者对文本的分析、批判能力。智能手机传播的信息并非都是有益的信息，也并非都利于大学生的健康成长。这时就需要教育工作者充当信息把关人，透过信息表象思考产生信息的机制，学习创制和使用信息的方法，深刻理解媒体语言，着重关注语言、意识形态和信息再现问题。第二，提高思政教育工作者的跨文化沟通交往的能力。全球化是以经济为载体的，其逻辑必然导致标准的统一，面对其他国家将自己的文化精神、思想理念和行为准则悄然渗透在文化产品中的情况，思政教育工作者要致力于在一系列教学活动中保持民族的批判精神和传统文化的独立与繁荣。在正确获取信息、分析信息、评价信息和传播信息的基础上，不断增强自身的自主性、判断力和个人责任感来指导自己的行动。喜欢国外的文化生活但不会盲目崇拜，尊崇国外的价值理念但不会照搬照抄，借鉴国外的先进经验但不会全盘接收，保持自我意识独立性和民族文化的自豪感。第三，培养思政教育工作者理性的民主意识。面对热点话题和突发事件，思政教育工作者要保持头脑冷静，思维清晰，提高对信息的筛选能力和辨别能力，容忍不同意见的表达，尊重个人表达意见的权利，但是要始终站在马克思列宁主义、毛泽东思想和中国特色社会主义理论体系的角度上应对冲突，增强协调能力和解决问题的能力。第四，思政教育工作者要学习网络语言，运用网络语言，走在学生之前，走进学生之中。在和学生的日常交流中，思政教育工作者要善于运用精练的网络语言、幽默的网络语言符号、生动的网络语言动画，建立和学生的共同语言，为思政教育的顺利开展创造条件。

另外，高校要始终坚持以人为本的教育理念，通过专业的手机媒体知识培训，提升思政教育工作者运用智能手机开展思政教育的能力。思政教育工作者要熟练使用并且要善于利用各种手机自带的交互式软件、音视频软件和电子阅读软件，将思政教育内容渗透到手机软件的每一个角落。

三、完善思政教育智能手机载体的监管机制

依托智能手机媒体开展高校思政教育工作，离不开行之有效的制度规范。制度化是高校思政教育工作顺利开展的有力保证，是一个发展过程，其主体是众多群体和组织，目的是使这些主体日趋成熟。为了保证高校思政教育手机载体的运行顺利畅通，确保思政教育工作者能够运用手机媒体达到预期的教育效果，必须建立相应的制度。

首先，完善权责管理制度。坚持以人为本的教育理念，创新大学生思政教育的动力机制，建立健全切实维护大学生权益的权责管理制度、应急预警机制和鼓励机制，思政教育工作者要各司其职，实行网络导师到岗服务，与个人绩效成绩挂钩，确保利用手机媒体开展思政教育活动时，每一个环节都有专人负责，让更多的教师、后勤、管理人员都能够投入思政教育活动中，充分发挥监督管理的职能，确保手机思政教育活动的顺利实施。

其次，重视意见反馈机制。完善手机信息沟通制度，在信息的获取、交换、表达和意见产生的过程中，充分利用反馈的信息，针对学生处理信息的不同阶段采取不同的措施，保证手机活动能取得收益的最大化。注意区分手机网络中学生群体中存在的灌水者、讨论者和发问者，因势利导，有针对性地开展活动，汇集校园舆情信息，积极主动地引导舆情导向，做学生思想的风向标。

再次，制定效果评估指标体系。效果如何是通过学生的思想和行为体现出来的，思政教育效果的好坏直接影响着学生的个人发展。效果评估指标体系的拟定落实，需要根据智能手机媒体的独特性和智能手机媒体对思政教育的特殊影响来制定，在评估的过程中，要充分尊重学生的个体差异性和多样性。对利用手机媒体开展思政教育活动的评估，其目的不是鉴别手机功能，而是要强化手机媒体的导向功能，让学生善于利用手机，以正确的、积极的、向上的态度对待手机信息。

另外，优化监控手段。加强对手机网络中呈现出的不同社会心态的检测评估等网络预警机制，对于手机网络中出现的不良心态及时进行引导，协调校园中存在的不和谐的声音。利用智能手机媒体，加大对学生的心理健康教育辅导，强化思政教育效果，在整个过程中充分体现人文精神，各个部门全力配合，优化监控手段，抵制不和谐因素，引导校园舆论导向。

最后，健全思政教育手机媒体的法制建设。法律规范是运用手机媒体顺利开展思政教育的根本保障。将手机媒体的相关法律运用于高校思政教育的日常管理中，借鉴国外高校关于学生使用手机媒体的法律规范，有利于高校思政教育工作者对学生运用手机媒体的管理，减少有害信息对学生的危害，确保学生能够文明地使用手机媒体。

参考文献

［1］ 万娟. 基于创新发展的高校思想政治教育研究［M］. 长春：吉林大学出版社，2022.

［2］ 马光焱，王晓光. 新时代高校思想政治理论课改革与创新研究［M］. 长春：吉林大学出版社，2022.

［3］ 张琳. 高校思想政治教育与创新创业教育融合研究［M］. 延吉：延边大学出版社，2022.

［4］ 张振超，张辉. 新时代民办高校党建与思想政治教育创新研究［M］. 郑州：郑州大学出版社，2022.

［5］ 钟媛媛. 守正与创新高校思想政治教育理论与实践［M］. 北京：中国传媒大学出版社，2022.

［6］ 何勇平. 新时代高校思想政治教育改革创新［M］. 成都：西南财经大学出版社，2022.

［7］ 徐原，陆颖，韩晓欧. "互联网+"时代高校思想政治教育创新研究［M］. 2版. 秦皇岛：燕山大学出版社，2022.

［8］ 梅萍. 高校思想政治工作研究文库新时代大学生心理疏导模式创新研究［M］. 北京：人民出版社，2022.

［9］ 崔伟，陈娟. 新时期高校大学生思想政治教育创新案例探究［M］. 长春：吉林大学出版社，2022.

［10］ 刘邦凡. "三个倡导"视域下高校思想政治工作机制创新研究［M］. 北京：光明日报出版社，2021.

［11］ 何丽新. 高校思想政治工作体系理论与实践［M］. 厦门：厦门大学出版社，2021.

［12］ 邓喜英. 新时代高校大学生思想政治教育创新研究［M］. 北京：中国华侨出版社，2021.

［13］ 刘国龙，陈龙. 大数据与大学生思想政治教育融合发展研究［M］. 苏州：苏州大学

出版社，2021.

[14] 荆筱槐. 大数据与高校思想政治理论课 ［M］. 北京：光明日报出版社，2020.

[15] 张锐，夏鑫. 大数据时代高校思政工作创新研究 ［M］. 北京：北京工业大学出版社，2020.

[16] 胡凌霞. 高校教育管理理念与思维创新 ［M］. 长春：吉林大学出版社，2020.

[17] 林伟涛. 广东高校网络育人工作研究 ［M］. 广州：广东高等教育出版社，2020.

[18] 李臻. 新时代高校教师胜任力研究——新时代高校教师师德师能双提升发展机制研究 ［M］. 北京：旅游教育出版社，2020.

[19] 叶舟. 红色文化与新时代高校理想信念教育研究 ［M］. 南昌：江西人民出版社，2020.

[20] 徐原，陆颖，韩晓欧. "互联网+"时代高校思想政治教育创新研究 ［M］. 燕山大学出版社，2019.

[21] 陈胜国. 新时代高校思想政治教育创新发展研究 ［M］. 北京：印刷工业出版社，2019.

[22] 唐波. 高校教师思想政治工作研究 2018 年卷 ［M］. 上海：上海人民出版社，2019.

[23] 杨学玉. 新媒体背景下大学生思想政治教育研究 ［M］. 北京：北京理工大学出版社，2019.

[24] 杨大鹏，马亚格，罗茗. 高校学生工作管理创新研究 ［M］. 北京：北京理工大学出版社，2019.

[25] 燕艳. 转型与发展信息时代下高校思想政治工作的创新与实践 ［M］. 长春：东北师范大学出版社，2019.

[26] 张丰智，李建章. "双一流"建设背景下高校图书馆建设与服务 ［M］. 北京：北京邮电大学出版社，2019.

[27] 朱丹，饶先发，王伟江. 新时代高校辅导员工作室建设指导手册 ［M］. 昆明：云南大学出版社，2019.

[28] 郑磊. 大数据时代高校思想政治教育的发展与创新 ［M］. 北京：中国商务出版社，2018.

[29] 杨方旭. 大数据时代背景下大学生思想政治教育新思路 ［M］. 长春：东北师范大学出版社，2018.

[30] 陈艳萍. 大数据时代高校意识形态教育工作研究 ［M］. 徐州：中国矿业大学出版

社，2018.

[31] 罗丽琳. 大数据视域下高校贫困生精准资助研究 [M]. 北京：知识产权出版社，2018.

[32] 赵平，吕洛乐，韩冰. 大数据时代高校思想政治教育创新研究 [M]. 长春：吉林文史出版社，2018.